Microsoft®

Windows XP

Home Edition

AF853712

Microsoft®

Windows XP
Home Edition

Pablo J. García Núñez
Julián Martínez Valero

ANAYA MULTIMEDIA

GUÍAS DE INICIACIÓN

Responsable editorial:
Eugenio Tuya Feijoó

Autoedición:
Tábula Digital

Realización de cubierta:
Cecilia Poza Melero

Primera edición, diciembre 2002
Primera reimpresión, julio 2003
Segunda reimpresión, noviembre 2003
Tercera reimpresión, abril 2004
Cuarta reimpresión, octubre 2004

Juan Ignacio Luca de Tena, 15. 28027 Madrid
Depósito legal: M. 42.454-2004
ISBN: 84-415-1301-5
Printed in Spain
Impreso en Anzos, S. L. - Fuenlabrada (Madrid)

Índice

Lección 1. Instalación de Windows XP **13**
Requerimientos 13
Actualización a partir de Windows 98 / ME 14
Cómo realizar una instalación nueva de Windows XP 16
Qué es el Escritorio 18
La ayuda de Windows XP 19
Cómo activar Windows XP 21
Cómo salir de Windows XP 23
Qué hemos aprendido 24
Ejercicios 24
Lección 2. Ventanas y elementos de interacción **25**
Qué es una ventana 25
Cómo abrir una ventana 26
Cómo es una ventana 27
Cómo maximizar, minimizar o restaurar una ventana 28
Cómo modificar el tamaño de una ventana 30
Cómo mover ventanas 31
Cómo cerrar una ventana 32
Qué son los menús 33
Cómo seleccionar una opción de menú 33
Qué son los menús contextuales 34
Cómo se muestran las opciones de menú 35
Qué es el Menú de control 36
Qué es un cuadro de diálogo 37
Cuáles son los elementos interactivos 37
Qué hemos aprendido 40
Ejercicios 40
Lección 3. Personalización de Windows XP **41**
Qué menú Inicio elegir 41

Qué opciones de carpeta activar ... 43
Cómo configurar la pantalla ... 44
Cómo modificar el aspecto del Escritorio ... 46
Cómo activar un tema de escritorio ... 50
Cómo personalizar la barra de tareas ... 51
Cómo añadir o eliminar barras de herramientas a la barra de tareas ... 53
Cómo personalizar el menú Inicio ... 54
Qué hemos aprendido ... 55
Ejercicios ... 55

Lección 4. Configuración del sistema ... 57

Qué es el Panel de control ... 57
Cómo instalar o desinstalar aplicaciones ... 59
Cómo agregar o eliminar componentes de Windows ... 60
Cómo agregar nuevos dispositivos ... 62
Cómo instalar una impresora ... 63
Cómo modificar las propiedades de la impresora ... 64
Cómo modificar la fecha y hora ... 65
Cómo configurar el ratón ... 67
Cómo configurar el teclado ... 68
Cómo configurar el idioma del teclado ... 69
Qué son las opciones de accesibilidad ... 70
Qué significa que un ordenador pueda tener varios usuarios ... 71
Cómo crear y modificar una cuenta de usuario ... 72
Cómo actualizar archivos de sistema ... 74
Cómo realizar un mantenimiento básico del sistema ... 75
Qué hemos aprendido ... 76
Ejercicios ... 76

Lección 5. El Explorador de Windows XP ... 77

Cómo abrir la ventana del Explorador ... 77
La ventana del Explorador ... 78
Significado de los iconos ... 79
Cómo expandir y contraer una carpeta ... 80
Cómo visualizar las barras de herramientas ... 81
Cómo abrir una carpeta ... 83
Cómo activar una unidad de disco ... 84
Las distintas opciones de visualización de los objetos ... 85
Cómo dar formato a un disquete ... 88
Cómo crear una carpeta ... 91
Cómo copiar un objeto ... 92
Arrastrar y soltar ... 92
Cómo mover un objeto ... 95
Cómo cambiar el nombre de un fichero o carpeta ... 96

Cómo borrar un fichero o carpeta 97
Cómo seleccionar un grupo de objetos contiguos 98
Cómo seleccionar un grupo de objetos no contiguos 99
Cómo cerrar el Explorador 100
Qué hemos aprendido 100
Ejercicios 100

Lección 6. Otras tareas a llevar a cabo con el Explorador 101

Cómo visualizar las extensiones de los ficheros 101
Cómo ejecutar una aplicación 102
Qué significa que un fichero esté asociado a una aplicación 103
Cómo encontrar un fichero determinado 107
Cómo se accede a las propiedades de un objeto 111
Cómo crear accesos directos en el escritorio 112
Qué es la Papelera de reciclaje 114
Cómo recuperar un objeto de la Papelera de reciclaje 115
Cómo vaciar la Papelera de reciclaje 115
Qué es Mi PC 116
Cómo comprimir y descomprimir archivos 117
Qué hemos aprendido 120
Ejercicios 120

Lección 7. Algunos accesorios de Windows XP 121

Qué accesorios están instalados 121
Para qué sirve el Bloc de notas 122
Cómo funciona la calculadora 123
Para qué sirve WordPad 124
Cómo escribir un documento 125
Cómo modificar el aspecto de un documento 127
Cómo guardar un documento 129
Para qué sirve Paint 130
Cómo utilizar las herramientas 132
Cómo seleccionar los colores 132
Para qué sirve cada herramienta 133
Cómo comenzar a dibujar 134
Cómo guardar un dibujo 135
Qué es el visor de imágenes y fax 136
Qué hemos aprendido 137
Ejercicios 137

Lección 8. Multitarea y multiusuario. Transferencia de información entre documentos 139

Cómo se trabaja en multitarea 139
Cómo se activan las ventanas 141
Otros métodos para activar las ventanas abiertas 141

Cómo distribuir las ventanas abiertas 142
Cómo intercambiar información entre documentos 145
Cómo transferir información de Paint a WordPad 146
Cómo visualizar e imprimir un documento 148
Cómo se trabaja en un sistema multiusuario 150
Qué hemos aprendido 151
Ejercicios 152

Lección 9. Multimedia y Juegos en Windows XP 153

Sobre la reproducción de sonido en Windows XP 153
Qué es Windows Media Player 154
Las funciones de Windows Media Player 156
Cómo cambiar el aspecto del reproductor 157
Cómo reproducir CDs musicales 159
Otras operaciones habituales con el reproductor 160
Cómo reproducir ficheros de sonido y vídeo 161
Qué es Windows Movie Maker 161
Qué es la Grabadora de sonidos 162
Cómo se trabaja con una cámara digital 163
Los juegos de Windows XP 164
Qué hemos aprendido 166
Ejercicios 166

Lección 10. Internet 167

Cómo instalar un módem 167
Cómo definir una conexión 168
Cómo utilizar la conexión 170
Qué programas incorpora Windows XP para Internet 172
Cómo arrancar Internet Explorer 173
Cómo conectar con un sitio Web 173
Qué es un hipervínculo 175
Barras de herramientas 176
Cómo cerrar Internet Explorer 178
Qué es Outlook Express 178
La ventana de Outlook Express 180
Algunas operaciones básicas 180
Ejercicios 182

Apéndice A 183

Soluciones a los ejercicios 183

Índice Alfabético 191

Cómo usar esta guía

Esta guía pretende ser su primer libro sobre Windows XP. En ella podrá encontrar todo lo necesario para conocer y explotar las posibilidades básicas y más importantes de este sistema operativo.

La guía viene estructurada en diez lecciones, a través de las cuales podrá ir aprendiendo conceptos y modos de operación básicos, practicar a medida que aprende, repasar los conceptos aprendidos y autoevaluarse para fijar mejor todos los conocimientos adquiridos.

Cada lección incluye tres partes bien diferenciadas:

La primera, constituida por el grueso de conceptos, funciones y conocimientos generales que hay que asimilar. Es, en esta sección, donde se encuentran a su vez tres tipos de referencia:

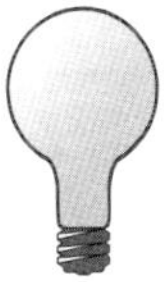

Este icono irá acompañado de un texto que le proporcionará "ideas felices" y útiles extraídas de las experiencias del autor. Todas estas ideas le ayudarán a realizar mejor su trabajo dándole un acabado perfecto.

Con este icono se mostrarán métodos alternativos más rápidos para realizar operaciones. Todo ello, con la finalidad de acelerar su trabajo. Ya sabe: no sólo se trata de hacerlo bien; si, además, se hace rápidamente, mucho mejor.

El texto que acompaña a este icono le aclarará conceptos complementarios que le harán aumentar su cultura informática. También le advertirá de las consecuencias de algunas operaciones delicadas, y le aconsejará realizar acciones preventivas contra posibles desastres informáticos, propios de usuarios con poca experiencia.

La segunda parte, titulada "Qué hemos aprendido", recoge puntualmente los temas tratados en la lección, a modo de resumen temático.

La tercera sección está constituida por un compendio de los ejercicios que permiten hacer una autoevaluación de todo lo aprendido.

El éxito del aprendizaje no se debe limitar sólo a las operaciones básicas. Lo que se pretende, además, es despertar en el lector una inquietud por ampliar conocimientos por su propia iniciativa y experiencia, ya que los programas proporcionan funciones que facilitan la labor, aunque hay algunas cosas que sólo se pueden llevar a cabo con ayuda de nuestra imaginación y aprovechando las funciones básicas.

En el apéndice A podrá encontrar las soluciones a todos los ejercicios propuestos.

Lo más importante para nosotros es que aprenda. No dude, pues, en proponernos cualquier tipo de sugerencias que desee, ya que serán bienvenidas y, por supuesto, cuidadosamente estudiadas y consideradas. Sólo tendrá que dirigirlas a:

ANAYA MULTIMEDIA
Guías de Iniciación
C/ Juan Ignacio Luca de Tena, 15
28027 MADRID

Introducción

Windows XP es la nueva versión del sistema operativo más utilizado en los ordenadores de todo el mundo. Las sucesivas mejoras aportadas por el fabricante, Microsoft, han ido encaminadas, desde su génesis, a conseguir que cualquier usuario, hasta el menos experimentado, pueda manejar el ordenador con relativa sencillez. No han sido pocas las críticas que los usuarios han hecho respecto a esa pretendida *facilidad de uso*, justificadas quizás en las primeras versiones, pero lo cierto es que en cada nueva aparición del producto (en concreto Windows XP) se comprueban distintos cambios que afectan positivamente al modo de operar con el programa.

En esta versión se ha producido un cambio total tanto en lo que se refiere a los aspectos estéticos del programa como a la forma de trabajar, es decir, la interfaz, algo que en general agradecerán la mayoría de los usuarios.

De cada nueva versión de Windows se espera también que mejore uno de los aspectos más criticados del sistema, su *estabilidad*, que hace alusión a la capacidad del sistema para no "colgarse" con frecuencia. En este sentido, habiéndose apartado los programadores del diseño interno buscando la compatibilidad con las antiguas aplicaciones de MS-DOS, y basándose en el reciente Windows 2000, se ha conseguido un sistema operativo que ofrece una estabilidad y seguridad de la que carecían sus predecesores.

A continuación citaremos algunos de los aspectos más relevantes y novedosos de Windows XP:

- Se ha potenciado notablemente todo lo relativo a la tecnología multimedia. El *Reproductor de Windows Media* es capaz de reproducir sonidos y vídeos en la mayoría de los formatos existentes en el mercado, además de actuar como reproductor de CDs musicales y estar preparado para sintonizar emisoras de radio en Internet. Se incluye también un sencillo editor de vídeo digital denominado *Movie Maker*.

- Su sistema de protección incluye la creación de puntos de restauración, cuando el sistema funciona a nuestro gusto, para volver a activarlos posteriormente en caso de fallos varios.
- Windows XP trae incorporadas las versiones más recientes del navegador y del programa de correo más difundidos: *Internet Explorer 6* y *Outlook Express 6*.
- Se ha potenciado la relación del PC con Internet, pudiéndose llevar a cabo muchas operaciones de configuración (instalación de *drivers*, por ejemplo) y actualización del equipo en línea.
- Para evitar la instalación de copias no autorizadas por el fabricante, Microsoft ha optado por la obligatoriedad de activar el producto, de manera que cada copia sólo se pueda instalar en un determinado ordenador.
- Aunque el tema sobrepase el propósito del libro, no podemos dejar de destacar las facilidades del nuevo sistema operativo para configurar una red local doméstica. Ello, pensando en los miles de usuarios que ya tienen más de un ordenador en el trabajo o en el hogar, resulta una buena decisión por parte de los diseñadores del programa.
- Finalmente, destacaremos la posibilidad de Windows XP para crear "perfiles de usuario", lo que permite compartir el mismo PC a varias personas teniendo éstas sus documentos separados.

En suma, todo un abanico de interesantes novedades y consiguientes capacidades, que posibilitarán seguramente la masiva aceptación y utilización, tradicional por otra parte, de este sistema operativo por parte de los usuarios.

Cualquier duda o sugerencia sobre los temas tratados en el libro puede enviarse, vía correo electrónico, a alguna de las dos direcciones siguientes: pjgarcia@anaya.es o jmvalero@anaya.es.

Lección 1

Instalación de Windows XP

En esta lección se describirá el proceso de instalación de Windows XP en su ordenador. Lo usual es que haga una actualización de versiones anteriores de Windows 98/ME pero, si lo desea, podrá optar por hacer una instalación desde cero en una partición del disco duro, de manera que pueda arrancar con distinto sistema operativo, el nuevo o el anterior, según convenga. Se comentarán también los aspectos elementales de esta nueva versión del sistema operativo: cómo se arranca y cómo se sale de él, qué es el Escritorio y algunos apuntes de la eficaz ayuda que ofrece.

Requerimientos

Para poder instalar y ejecutar Windows XP necesita poseer un equipo con las siguientes características:

- Un microprocesador Pentium II o similar a un mínimo de 300 MHz.
- Un mínimo de 128 Mb de memoria RAM.
- Alrededor de 1,5 Gigabytes de espacio libre en el disco duro, aunque sean preferibles al menos 3 GB.
- Un monitor y una tarjeta gráfica Super VGA con capacidad para activar una resolución de 800x600 píxeles.
- CD-ROM o DVD.
- Teclado y ratón.

Además, para poder aprovechar todas las características de Windows XP son igualmente recomendables:

- Una impresora para poder obtener en papel aquello que interese.

- Un módem u otro dispositivo que permita conectarse con otros ordenadores.
- Una tarjeta de sonido, micrófono y altavoces.

Windows XP está disponible en CD-ROM y se puede instalar, bien en un equipo nuevo, bien a partir de versiones anteriores de Windows (98/ME). A continuación se comentan ambas posibilidades.

Actualización a partir de Windows 98/ME

Si se realiza una instalación en un ordenador en el que ya está instalado Windows 98/ME, es decir, se pretende hacer una actualización, basta con que:

1. Introduzca el CD-ROM en la unidad correspondiente. Aparecerá una ventana como la de la figura 1.1 desde la que se puede proceder a la instalación.

> *Si no se ejecutara automáticamente el programa de instalación habría que hacer clic en el botón* **Inicio**, *seleccionar la opción* `Ejecutar`, *escribir la instrucción* `Unidad:\setup`, *donde* Unidad *es la letra que corresponde a la unidad de CD o DVD del ordenador y hacer clic en el botón* ***Aceptar***.

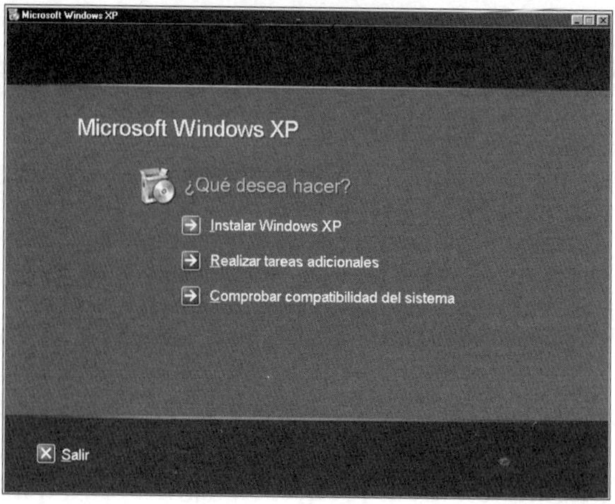

Figura 1.1. Actualización del sistema operativo anterior

2. Haga clic sobre el botón **Instalar Windows XP**. Aparecerá el cuadro de diálogo del programa de instalación de Windows (véase figura 1.2).

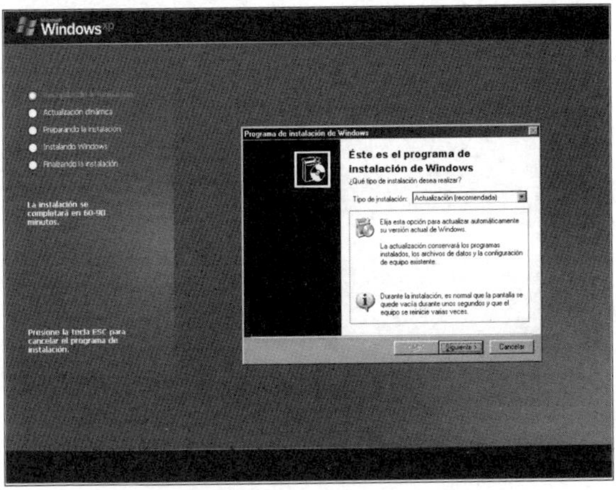

Figura 1.2. Inicio de la instalación

3. Seleccione, en la lista desplegable `Tipo de instalación`, la opción `Actualización` y haga clic sobre el botón **Continuar**.
4. Siga las instrucciones de las sucesivas ventanas que aparecen: acepte las condiciones de la licencia, introduzca la "clave del producto", decida cómo quiere ver el informe que el programa de instalación creará con los problemas encontrados, indique si desea o no llevar a cabo una actualización dinámica de los ficheros que lo necesiten (sólo en caso de tener una conexión a Internet activa), elija de la zona horaria y espere hasta finalizar el análisis del equipo y la copia de ficheros.

> *En el caso de que el programa de instalación encuentre dispositivos que no pueda instalar automáticamente, deberá utilizar el disquete o CD que le haya proporcionado el fabricante del dispositivo, tal y como se indica en la lección 4.*

5. Introduzca qué usuarios van a utilizar el equipo y haga clic en el botón **Finalizar**. Cuando reinicie el equipo aparecerán en pantalla los usuarios declarados (véase

figura 1.3) pudiendo elegir cualquiera de ellos para abrir una sesión.

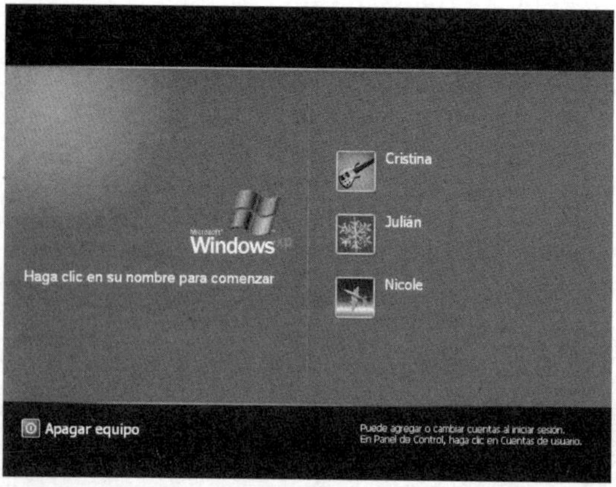

Figura 1.3. Iniciando una sesión en Windows XP

6. Haga clic en un usuario, escriba la contraseña si fuera necesario, y aparecerá en pantalla un Escritorio similar al de anteriores versiones de Windows (véase figura 1.4).

Windows XP habrá guardado la anterior configuración, de manera que puede desinstalar el sistema en cualquier momento. Los pasos serían abrir el menú `Inicio`, seleccionar la opción `Panel de control`, hacer clic en `Agregar o quitar programas`, hacer clic en `Desinstalación de Windows XP` y confirmar (consúltese la lección 4 para más detalles sobre las vistas del Panel de control).

Cómo realizar una instalación nueva de Windows XP

Por diferentes razones puede que le interese llevar a cabo una instalación desde cero, por ejemplo porque desea seguir utilizando la versión anterior y quiera instalar Windows XP en otra partición del disco duro, de manera que coexistan ambas, pudiendo elegir la que convenga tras el encendido del ordenador. En ese caso, tanto si ha arrancado con una versión anterior del sistema y en el paso 3 del apartado anterior (véase figura 1.2) selecciona `Instalación nueva`, como si ha iniciado el equipo desde la unidad de CD / DVD con el CD de Windows XP en dicha unidad, se inicia un proceso similar al descrito para la actualización en el que sólo hay que intervenir para proporcionar la siguiente información:

- Aceptar las condiciones de la licencia.
- Elegir la unidad (partición) en la que se creará y si se desea convertir ésta al sistema de archivos NTFS.

En principio, Windows XP permite utilizar dos sistemas de archivos para los discos: FAT (FAT16 y FAT32) y NTFS. El segundo es el recomendado porque de sus prestaciones se derivan un mejor rendimiento aparte de un mayor control en la seguridad. Por tanto, si durante la instalación se solicita la conversión de uno anterior, FAT, a NTFS, la respuesta debería ser afirmativa. No obstante, en el caso de actualización de un sistema operativo Windows 98/ME ello no es posible –y por eso no se solicita la conversión durante el proceso de instalación- ya que tal sistema operativo no reconoce dicho sistema de ficheros.

- Las opciones regionales y de idioma.
- El nombre del usuario y la organización a la que pertenece.
- La sucesión de 25 caracteres alfanuméricos que constituyen la clave del producto.
- Un nombre para reconocer al equipo en caso de que pertenezca a una red doméstica.
- Los valores de fecha y hora actuales, así como la zona horaria.
- Los nombres identificativos de aquellos usuarios que vayan a utilizar el ordenador.

Tras la copia de los ficheros al disco duro, el asistente para la instalación detectará y configurará los dispositivos conectados. Finalmente, aparecerá una ventana con la lista de todos los usuarios introducidos anteriormente, para elegir el que vaya a abrir la sesión (véase figura 1.3).

Windows XP realiza una instalación "completa" lo que incluye la mayoría de los programas y componentes que se necesitan. No obstante, no instala otros, por ejemplo el servicio de fax; en tal caso puede consultar en la lección 4 cómo instalar otros componentes.

Qué es el Escritorio

Cada vez que se arranque el ordenador, y tras cargarse el sistema operativo, aparecerá una pantalla análoga a la de la figura 1.4 si ha efectuado una actualización o a la figura 1.5 si ha realizado una instalación nueva, denominada *Escritorio*; su funcionalidad es similar a una mesa de trabajo, puesto que será ahí donde se abran las ventanas con las que realizar los distintas trabajos. Windows XP ofrece distintas posibilidades para modificar tanto su aspecto como su funcionalidad como verá en las siguientes lecciones.

Figura 1.4. Escritorio tras una actualización

A continuación se describirán los principales elementos del Escritorio, algunos de los cuales sólo aparecen cuando se realizan la actualización de un sistema operativo anterior, pero que sí pueden activarse en una instalación nueva tal y como verá en próximas lecciones.

- `Iconos de acceso directo`. Estos iconos permiten acceder, de modo rápido, a distintos objetos: aplicaciones, documentos, carpetas...
- `Barra de tareas`: situada en la parte inferior de la pantalla, permite tener el control de todas las ventanas abiertas en el Escritorio.

Figura 1.5. Escritorio tras una actualización nueva

- `Botón Inicio`: este botón, que está situado a la izquierda de la Barra de tareas, permite desplegar un menú, denominado `Inicio`, desde el que se puede realizar las distintas tareas con el ordenador.
- `Barra de Inicio rápido`: se trata de una barra de herramientas que permite realizar, rápidamente, varias operaciones determinadas, por ejemplo, abrir el navegador *Internet Explorer*.
- `Bandeja de iconos`: muestra los iconos de ciertas aplicaciones que están funcionando en ese momento: el reloj, el control de volumen, etc.

La ayuda de Windows XP

Windows XP ofrece la posibilidad de acceder a un completo sistema de ayuda con información sobre cualquier cuestión. El interfaz ha mejorado en esta versión, realizándose todos los pasos de búsqueda de ayuda como si de una navegación web se tratara, con la posibilidad añadida de acceder a la ayuda en línea ofrecida por el servidor de Microsoft, si se tiene una conexión a Internet activa, o de solicitar asistencia remota a otros usuarios conectados pudiendo éstos tomar el control del equipo para resolver un problema durante el periodo de tiempo que se considere oportuno.

1. Haga clic sobre el botón **Inicio** para desplegar su menú.
2. Haga clic sobre la opción `Ayuda y soporte técnico`. Aparecerá la ventana principal con un panel de temas (véase figura 1.6) que permitirán, al hacer clic en uno, acceder a la ayuda correspondiente (véase en la figura 1.7 el resultado de hacer clic, sucesivamente, en los temas `Novedades en Windows XP`, `Componentes de Windows` y `Accesorios`.

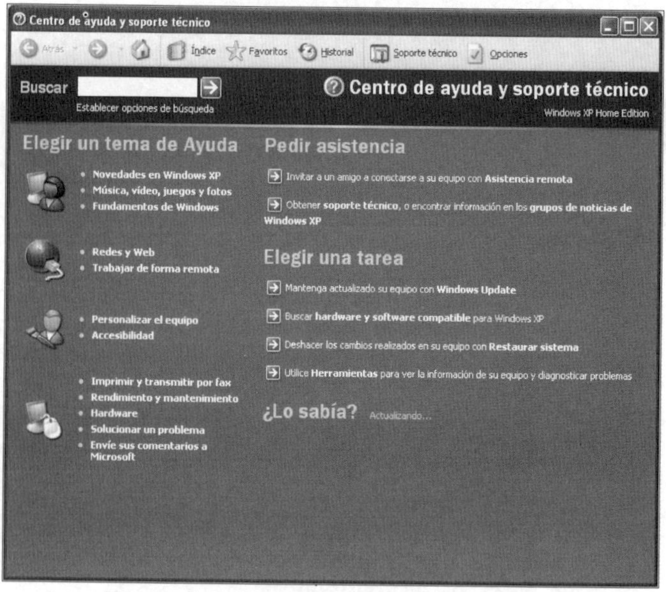

Figura 1.6. Ventana principal de la ayuda

En la parte superior de la ventana de ayuda se puede observar una barra de herramientas que permitirán abrir nuevas opciones.

3. Haga clic en el botón 
; accederá a la ayuda ofrecida sobre la palabra o conjunto de palabras que especifique en el cuadro de texto `Escriba la palabra`...
4. Escriba la palabra sobre la que se desea que versen los temas de ayuda ofrecidos, por ejemplo `teclado`, y paralelamente irán apareciendo los tópicos que existan sobre ella.

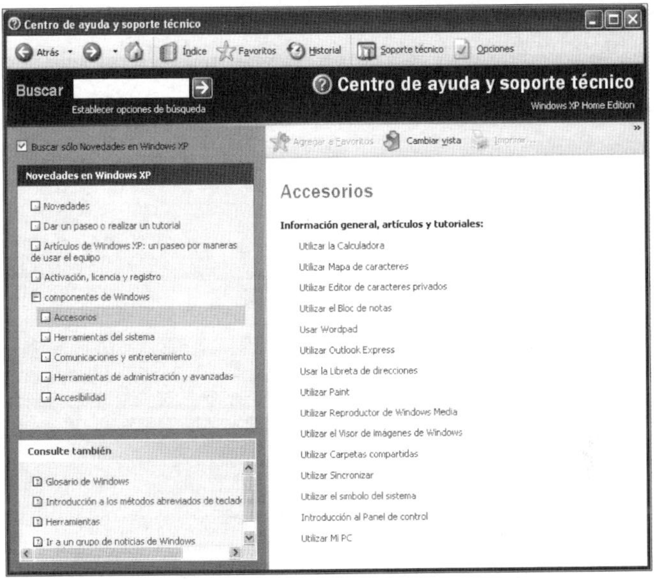

Figura 1.7. Accesorios de Windows XP

5. Haga clic sobre el tema que interese, por ejemplo `métodos abreviados de teclado` y en el botón **Mostrar** (véase en la figura 1.8 el resultado de hacer clic en uno de las posibilidades que aparecen en el panel de la izquierda).

Finalmente, hay que destacar la posibilidad de obtener ayuda vía Internet a través del botón `Soporte técnico` que ofrece enlaces al sitio web de Microsoft, a los grupos de noticias de Windows donde se plantean preguntas y se responden por otros usuarios (véase figura 1.9) o a la solicitud de asistencia técnica a un amigo.

6. Salga de la ayuda haciendo clic sobre el botón **Cerrar** de su ventana.

Cómo activar Windows XP

Windows XP incorpora un nuevo sistema de protección de software de manera que es necesario activar el producto para utilizarlo transcurridos treinta días desde la instalación. Transcurrido ese periodo de tiempo sin haberlo activado, el software dejará de funcionar.

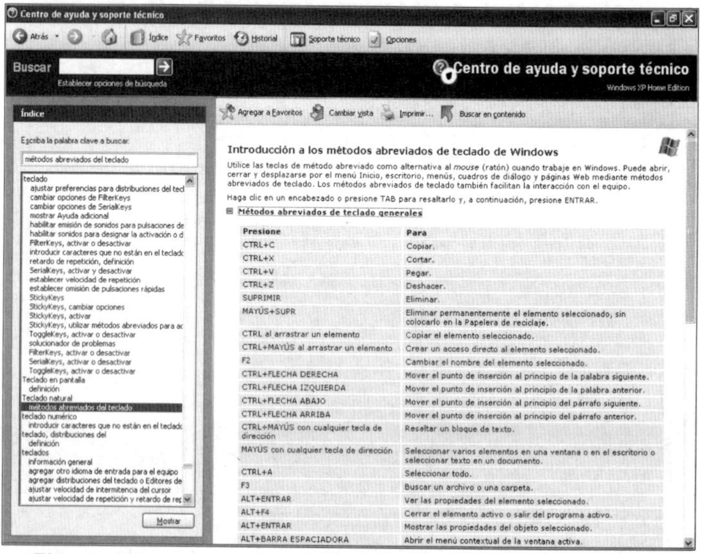

Figura 1.8. Ayuda sobre métodos abreviados con el teclado

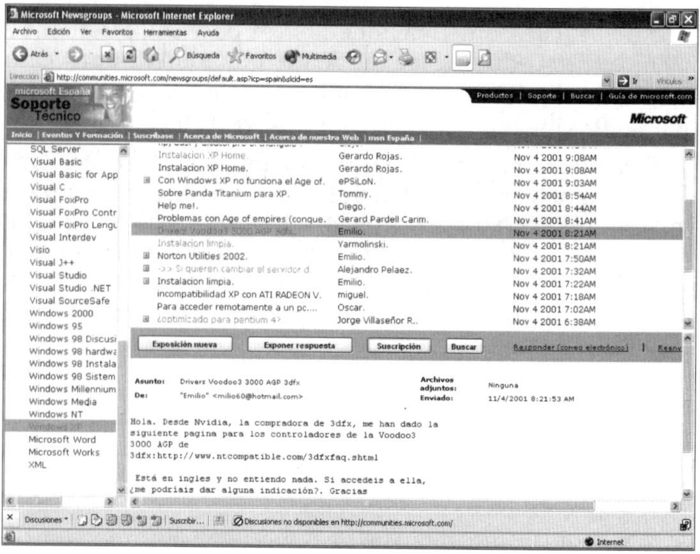

Figura 1.9. Ayuda en un grupo de debate

La activación se puede realizar por teléfono o en línea si se está conectado a Internet:

1. Haga clic en el icono de activación de la bandeja de iconos (al pasar el puntero del ratón sobre él aparece un rótulo con los días que restan para la activación) o abra el menú `Inicio` y haga clic sucesivamente en las opciones `Todos los programas`, `Accesorios`, `Herramientas del sistema` y `Activar Windows`. Aparecerá el cuadro de diálogo `Activar Windows`.
2. Elija la opción que prefiere: activación en línea o telefónica, en nuestro caso la última opción. Después, haga clic en el botón **Siguiente**.
3. En caso de activación telefónica, elija el país y llame al teléfono que aparece en el cuadro de diálogo resultante para los cincuenta dígitos que definen a su equipo. Si la activación se realiza por Internet el proceso se hará automáticamente.
4. Introduzca después el número de 42 dígitos proporcionado por el representante y haga clic en el botón **Siguiente**.
5. Haga clic en el botón **Finalizar**.

Cómo salir de Windows XP

Cuando decida dejar de trabajar con el ordenador, no pulse el interruptor de corriente sin más. Previamente, debe salir de Windows para que éste grabe todas las modificaciones realizadas y no se quede ningún fichero (de cualquier tipo) abierto en memoria lo que podría causar su deterioro, dejándolo inservible.

Para poder apagar su ordenador:

1. Haga clic sobre el botón **Inicio**. Se desplegará el menú Inicio.
2. Haga clic sobre la opción `Apagar equipo`. Aparecerá el cuadro de diálogo `Apagar equipo` como se muestra en la figura 1.10.

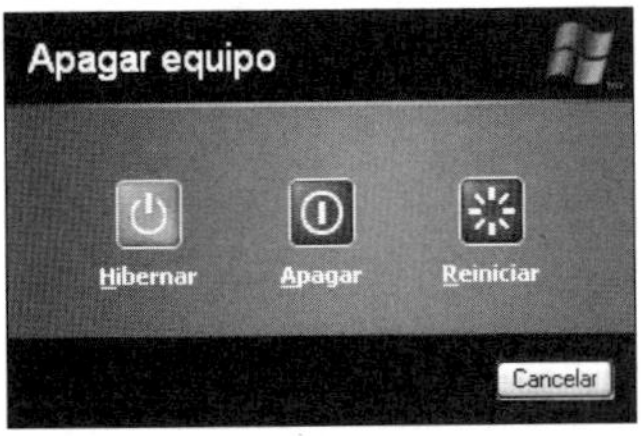

Figura 1.10. Salir de Windows XP

3. Haga clic en la opción **Apagar**.

Qué hemos aprendido

- A instalar Windows XP.
- A saber qué es el escritorio.
- A utilizar el sistema de ayuda.
- A activar Windows XP.
- A salir de Windows XP.

Ejercicios

1. ¿Qué requerimientos son los recomendados para instalar Windows XP?
2. ¿Qué razones podrían llevar a realizar una instalación nueva aún estando presente una versión anterior de Windows en el ordenador?
3. Obtenga ayuda sobre cómo utilizar el ratón.
4. Ejecute el paseo por Windows XP.
5. Investigue la forma de obtener información sobre el ordenador que se está utilizando.

Lección 2

Ventanas y elementos de interacción

Windows, como sistema operativo gráfico que es, está diseñado para ser utilizado mediante ventanas y otros elementos gráficos que el usuario debe manejar para realizar las distintas acciones.

En esta lección aprenderá a identificar y manejar los elementos propios de cualquier ventana. También conocerá la funcionalidad de otros elementos interactivos: menús, botones de acción, listas desplegables, cuadros de texto, botones de opción, etc.

Qué es una ventana

Como ya se ha indicado en la primera lección, al arrancar el ordenador aparece automáticamente el *Escritorio*; a partir de ahí, trabajar en Windows es tan sencillo como abrir las ventanas necesarias para realizar las distintas operaciones a realizar: para escribir un documento de texto hay que abrir la ventana de un procesador, para crear un dibujo hay que abrir la ventana de Paint..., y así para cualquier otra acción.

Gracias a las ventanas, es muy sencillo entender una de las características más importantes de Windows: la *multitarea*. Si cada tarea se realiza en una ventana determinada, y si se pueden abrir varias ventanas a la vez, es posible estar realizando varias tareas simultáneamente.

Dependiendo de la funcionalidad de las ventanas, se habla de *ventanas de aplicación* (en ellas se ejecutan los programas), *ventanas de documentos* (permiten trabajar con los documentos), *ventanas de interacción* o *cuadros de diálogo* (posibilitan la comunicación entre el ordenador y el usuario), *ventanas de ayuda* (muestran información acerca de un tema), etc.

Cómo abrir una ventana

No es necesario realizar una acción especial para abrir ventanas, ya que éstas se abrirán automáticamente cuando sean necesarias. Por ejemplo, las ventanas de aplicación se abren al arrancar los programas, las ventanas de documento aparecerán al abrir o crear documentos, los cuadros de diálogo se activarán cuando un programa necesite mostrar o pedir información, etc.

A continuación va a arrancar WordPad, accesorio de Windows que permite escribir documentos, con lo que se abrirá automáticamente su ventana de aplicación:

1. Haga clic sobre el botón **Inicio** de la barra de tareas, para desplegar su menú.
2. Sitúe el puntero del ratón, sucesivamente, sobre las opciones `Todos los programas` y `Accesorios`, para desplegar el menú asociado a esta última.
3. Haga clic sobre la opción `WordPad`; aparecerá la ventana del programa en el Escritorio con un aspecto similar al de la figura 2.1. Si su ventana ocupara todo el Escritorio, no se preocupe, es que está maximizada; en ese caso, haga clic sobre el botón ( ) para *restaurarla*, concepto que estudiar más adelante. Aunque ahora sería el momento de comenzar a escribir un texto (WordPad es un procesador de textos), éste no es nuestro propósito por el momento.

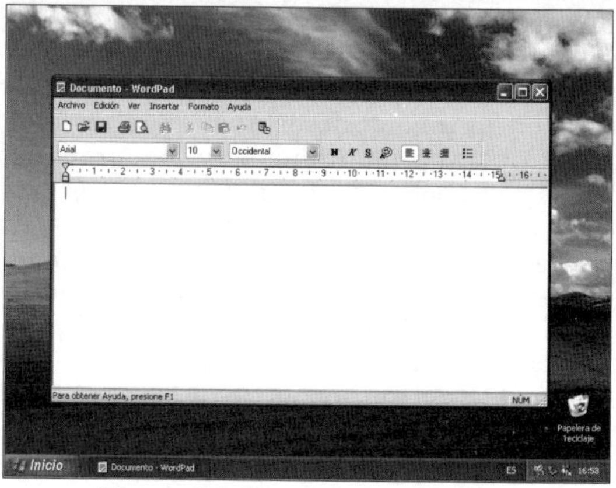

Figura 2.1. Ventana de WordPad

Cómo es una ventana

Todas las ventanas están constituidas por una serie de elementos comunes, aunque no tienen por qué estar todos a la vez. A continuación se indican, en la figura 2.2, los principales elementos de una ventana.

Figura 2.2. Elementos de una ventana

La descripción de los elementos de una ventana es:

- **Marco exterior**. Marca los límites de la ventana.
- **Barra de título**. Situada en la parte superior de la ventana, muestra el nombre de la aplicación y, cuando exista, el del documento con el que se esté trabajando.
- **Barra de menús**. En esta barra, que está situada debajo de la barra de título, se encuentran los menús específicos de cada aplicación.
- **Botón Menú de control**. Este botón, representado por el logotipo del programa, está situado a la izquierda de la

barra de título; al hacer clic sobre este botón aparecerá el menú de control.

- **Botones Maximizar/Minimizar/Restaurar/Cerrar**. Situados a la derecha de la barra de título, permiten que la ventana adopte el máximo tamaño, el mínimo, un tamaño intermedio, o que se cierre.
- **Barras de herramientas**. Estas barras, específicas de cada ventana de aplicación y que suelen estar situadas debajo de la barra de menús, ofrecen botones con los que realizar las acciones más frecuentes.
- **Área de trabajo**. Suele ocupar el espacio interior de la ventana, y en ella se desarrolla todo el trabajo. Dependiendo de la funcionalidad de la ventana, su aspecto cambiará sustancialmente para adecuarse a las necesidades del trabajo.
- **Barras de desplazamiento vertical y horizontal**. Estas barras no siempre están visibles, sólo cuando el contenido de la ventana es mayor que el área de trabajo. Su función es permitir ver el contenido que estuviera oculto.
- **Barra de estado o de información**. Esta barra, situada en la parte inferior de las ventanas, muestra información relacionada con la aplicación abierta y la tarea que se esté realizando.

Cómo maximizar, minimizar o restaurar una ventana

Una de las características más sobresalientes de las ventanas es que se puede modificar su tamaño. Entre todos los tamaños posibles, existen dos límites: el máximo y el mínimo. A las operaciones que permiten asignar estos tamaños se las denomina, respectivamente, *maximizar* o *minimizar una ventana*.

Lo habitual al trabajar con una aplicación es maximizar su ventana, ya que de este modo se dispone de mayor área de trabajo. Para ello:

1. Haga clic sobre el botón **Maximizar** (▣) de la ventana de WordPad. Tal y como muestra la figura 2.3, la ventana ocupará todo el Escritorio quedando visible sólo la Barra de tareas.

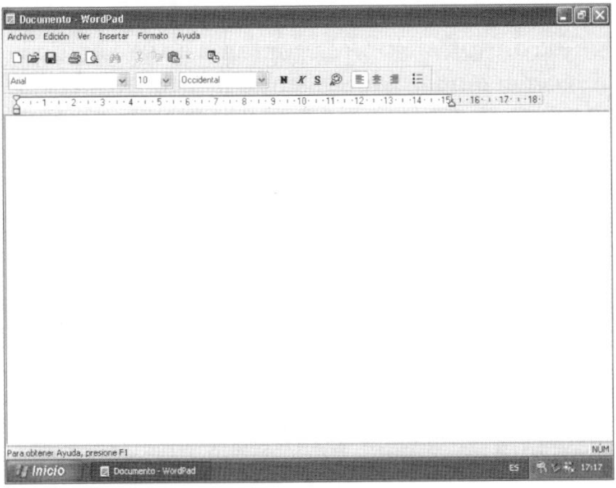

Figura 2.3. Ventana maximizada

Cuando una ventana está maximizada, el botón **Maximizar** es sustituido automáticamente por otro nuevo, denominado **Restaurar** (), cuyo objetivo es devolver a la ventana su tamaño intermedio.

Otra operación frecuente con las ventanas consiste en minimizarlas, de manera que permitan visualizar otras ventanas abiertas en el Escritorio.

2. Haga clic sobre el botón **Minimizar** (). La ventana de WordPad desaparecerá del Escritorio, y sólo se visualizará su botón identificador en la barra de tareas, tal y como muestra la figura 2.4.

Figura 2.4. Ventana minimizada

Es muy importante tener en cuenta que cuando se minimiza una ventana de aplicación, el programa no se cierra, por lo que al restablecer el tamaño de su ventana encontrará el trabajo tal cual lo dejó.

3. Haga clic sobre el botón de WordPad situado en la Barra de tareas, para abrir su ventana y volver a visualizarla con el tamaño que tenía antes de minimizarla.

Además de los dos tamaños límite (máximo y mínimo), es posible asignar un tamaño intermedio a cualquier ventana; esta operación, que se denomina *restaurar la ventana*, se realiza mediante el botón **Restaurar** que aparece cuando la ventana está maximizada.

4. Haga clic sobre el botón **Restaurar** (); la ventana adoptará un tamaño intermedio, que será como el de la figura 2.1.

> *Al hacer doble clic sobre la barra de título de una ventana, el tamaño de ésta cambiará automáticamente del máximo al intermedio, y viceversa.*

Las tres operaciones indicadas anteriormente, *maximizar*, *minimizar* y *restaurar una ventana*, no tienen por qué realizarse siempre en la misma secuencia. Veámoslo con algunos ejemplos:

5. Haga clic sobre el botón **Minimizar** de la ventana de WordPad.
6. Haga clic sobre su botón identificador de la barra de tareas, para volver a visualizar la ventana con su tamaño intermedio.
7. Haga clic sobre el botón **Maximizar**.
8. Haga clic sobre el botón **Minimizar**.
9. Haga clic sobre el botón identificador de WordPad de la barra de tareas; la ventana se maximizará, puesto que desde allí se minimizó
10. Haga clic sobre el botón **Restaurar**; la ventana adoptará el tamaño intermedio (véase figura 2.1).

Cómo modificar el tamaño de una ventana

Cuando una ventana no está maximizada ni minimizada, es posible modificar su tamaño por cualquiera de sus bordes. Sin embargo, hay que tener en cuenta que algunas ventanas tienen tamaño fijo y no permiten modificar su tamaño, como por ejemplo la de la calculadora.

A continuación va a modificar el tamaño de la ventana de WordPad, que actualmente debe ser análogo al de la figura 2.1.

1. Sitúe el puntero del ratón sobre el marco exterior derecho de la ventana, hasta que éste adopte el aspecto de una doble flecha horizontal, y arrástrelo hacia la izquierda para disminuir el ancho de la ventana.
2. Utilice la misma técnica para dejar la ventana con el tamaño que muestra la figura 2.5; tenga en cuenta que se han arrastrado los marcos exteriores derecho e inferior.

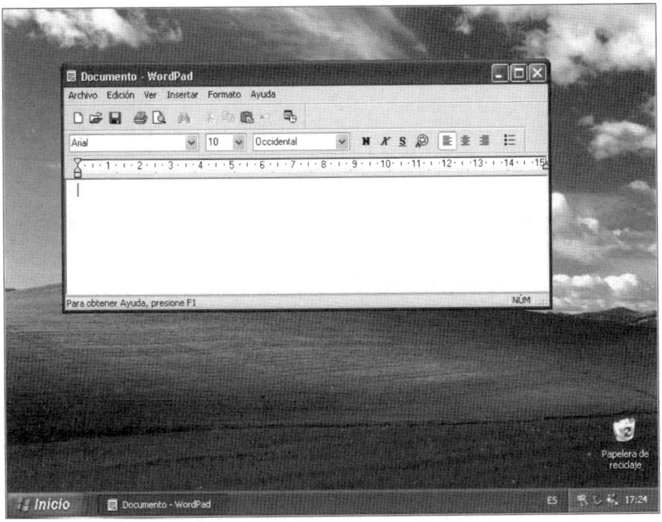

Figura 2.5. Ventana de WordPad con el tamaño modificado

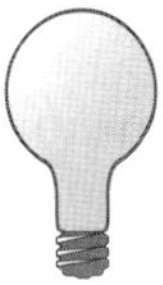

Puede modificarse el tamaño de una ventana por dos de sus bordes arrastrando alguna de sus esquinas, aunque resulta más cómodo hacerlo con la esquina inferior derecha ( ).

Cómo mover ventanas

Las ventanas pueden moverse, si no están maximizadas o minimizadas, a cualquier otro punto del Escritorio con sólo arrastrarlas por su barra de título.

1. Haga clic sobre la barra de título de la ventana, y arrástrela hasta situarla en una posición análoga a la de la figura 2.6.

Figura 2.6. Ventana desplazada

2. Vuelva a situar la ventana en una posición próxima a la de partida (véase figura 2.5).

Cómo cerrar una ventana

Cuando finalice el trabajo que esté realizando en una ventana, deberá cerrar ésta para dejar espacio libre en el Escritorio y para que el sistema no se ralentice innecesariamente. Debe tener en cuenta que si tiene muchas ventanas abiertas (sobre todo si en ellas se están ejecutando aplicaciones), su ordenador necesitará más recursos para gestionarlas y perderá velocidad de proceso.

Al cerrar la ventana de una aplicación, ésta dejará de funcionar. Por la misma razón, al salir de una aplicación se cerrará automáticamente su ventana.

El método más común de cerrar una ventana cualquiera consiste en hacer clic sobre su botón **Cerrar** (☒).

> *Se puede cerrar cualquier ventana rápidamente haciendo doble clic sobre su botón* ***Menú de control****, situado a la izquierda de la barra de título, o pulsando* ***<Alt-F4>****.*

Qué son los menús

Un menú es un conjunto de opciones que permiten realizar determinadas acciones. Como ya sabe, Windows dispone de un menú denominado `Inicio` que se despliega al hacer clic sobre el botón **Inicio** de la Barra de tareas, cuyas opciones permiten arrancar aplicaciones, abrir documentos, desplegar ventanas de exploración, etc.

Pero además de éste, encontrará otros muchos menús en las ventanas de aplicación de los distintos programas con los que trabaje. Observe, en la figura 2.7, la barra de menús del procesador de textos WordPad.

Figura 2.7. Barra de menús de WordPad

Cómo seleccionar una opción de menú

El método más sencillo para seleccionar una opción de menú, y llevar a cabo así una acción determinada, consiste en utilizar el ratón del siguiente modo: hacer clic sobre el menú, para desplegarlo, y sobre la opción correspondiente para seleccionarla.

1. Haga clic sobre el menú `Ayuda` de WordPad, para desplegarlo y visualizar sus opciones como en la figura 2.8.

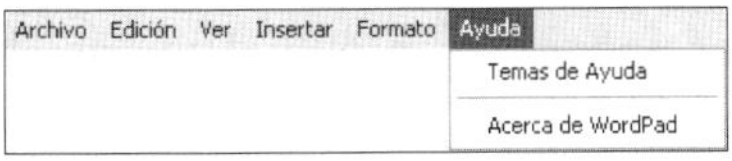

Figura 2.8. Menú `Ayuda` de WordPad

2. Haga clic sobre la opción `Acerca de WordPad`, para ejecutarla; el resultado será la activación de una ventana con información acerca del programa.
3. Haga clic sobre el botón **Aceptar** de la ventana de información, para cerrarla y volver a tener activa la de WordPad.

> *En este libro indicaremos la selección de una opción de menú de la forma: "Seleccione **X / Y**", que debe entender como; "Haga clic sobre el menú **X** para desplegarlo, y sobre la opción **Y** para seleccionarla".*

Las opciones de menú también pueden seleccionarse mediante el teclado, aunque esta técnica se emplea con bastante menos frecuencia. Veamos un ejemplo:

4. Pulse **<Alt>**, para activar la barra de menú, y las teclas de desplazamiento hasta resaltar el menú `Ayuda`.
5. Pulse <**Intro**>, para desplegar el menú, y las teclas de desplazamiento para resaltar la opción `Acerca de WordPad`; finalmente, pulse <**Intro**> para seleccionar la opción y obtener el resultado.
6. Pulse <**Esc**> para cerrar la ventana abierta como resultado del paso anterior.

> *Si una vez desplegado un menú no se quiere seleccionar ninguna de sus opciones, se puede optar por hacer clic en punto exterior a él o por pulsar sucesivamente <**Esc**>.*

Qué son los menús contextuales

Además del menú `Inicio` de Windows y de los menús propios de cada aplicación, existen otros muchos denominados genéricamente `menús contextuales`. Estos menús son característicos de cada objeto (carpetas, archivos, Escritorio, barra de tareas, área de trabajo de una ventana...), y sus opciones permiten realizar las tareas más frecuentes con cada objeto.

Para obtener un menú contextual hay que hacer clic con el botón derecho sobre el objeto en cuestión.

1. Maximice la ventana de WordPad.
2. Haga clic con el botón derecho sobre un punto del área de trabajo de la ventana de WordPad; obtendrá su menú contextual (véase figura 2.9) cuyas opciones permitirían realizar determinadas operaciones con el texto que estuviera escrito.
3. Pulse <**Esc**>, o haga clic sobre cualquier punto exterior al menú, para cerrarlo.

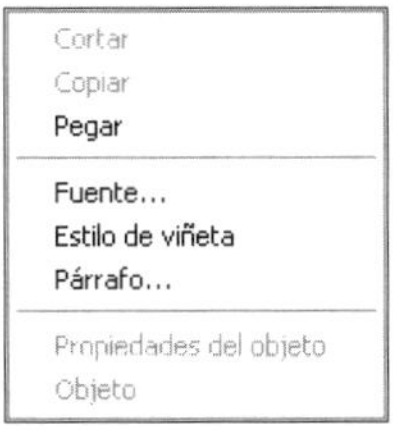

Figura 2.9. Menú contextual del área de trabajo de WordPad

> *Si dispone de un teclado diseñado para Windows, puede obtener el menú contextual del objeto resaltado pulsando la tecla <**Menú contextual**> situada en la parte inferior derecha del teclado.*

Cómo se muestran las opciones de menú

Windows utiliza ciertas convenciones en las opciones de los menús que interesa conocer ya que informan de ciertas particularidades. El menú ficticio de la figura 2.10 muestra la mayoría de estas convenciones cuyo significado se explica a continuación.

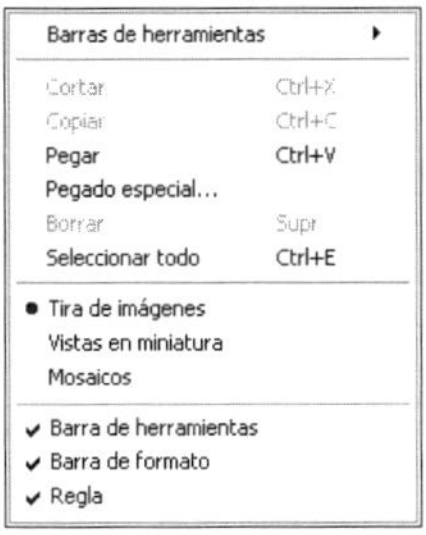

Figura 2.10. Convenciones utilizadas en los menús

- Opciones normales; al seleccionarlas realizarán una operación.
- Opciones atenuadas; éstas opciones no están disponibles, en ese momento, por alguna causa.
- Opciones con tres puntos suspensivos; al seleccionarlas aparecerá un cuadro de diálogo en el que se pedirá información adicional.

- Opciones con un triángulo; estas opciones desplegarán, al seleccionarlas, otro menú con nuevas opciones.
- Opciones con una combinación de teclas; estas teclas son las que habría que pulsar para seleccionar la opción directamente sin necesidad de desplegar su menú.
- Opciones con una marca de verificación; algunas opciones actúan como un conmutador, pudiéndose activar y desactivar según interese; esta marca indica que la opción está activa.
- Opciones con un punto; éste señala la opción activa de un grupo de opciones excluyentes entre sí, es decir, que sólo se puede seleccionar una de ellas.

Qué es el Menú de control

La mayoría de las ventanas presentan, a la izquierda de la barra de título, un botón que permite acceder al *menú de control*, cuyas opciones permiten mover la ventana, modificar su tamaño, maximizarla, minimizarla, restaurarla y cerrarla.

Existen dos modos de desplegar dicho menú: haciendo clic sobre el botón **Menú de control** o haciendo clic con el botón derecho sobre la barra de título de la ventana.

1. Haga clic sobre el botón **Menú de control** de la ventana de WordPad, para visualizar su menú (véase figura 2.11).

Figura 2.11. Menú de control de WordPad

2. Pulse <**Esc**> para cerrar el menú sin seleccionar ninguna de sus opciones.
3. Cierre la ventana de WordPad.

> *El modo de desplegar el menú de control de la ventana activa mediante el teclado consiste en pulsar <**Alt-Barra espaciadora**>; este método es muy útil en determinadas ocasiones, como por ejemplo cuando el ratón no funciona o cuando no aparece la barra de título de la ventana en pantalla.*

Qué es un cuadro de diálogo

Un *cuadro de diálogo* es un tipo de ventana especial que permite la interacción entre el ordenador y el usuario; estas ventanas son utilizadas por los programas para ofrecer opciones y posibilidades relacionadas con la operación que se esté realizando, de modo que el usuario pueda elegir las que le interesen.

Los cuadros de diálogo ofrecen una serie de elementos interactivos: opciones para activar, botones para realizar acciones, recuadros para introducir texto, listas con opciones para seleccionar, etc. Si el número de elementos es muy elevado, el cuadro de diálogo constará de varias páginas, denominadas *fichas*, en las que estarán agrupados (véase figura 2.12).

Figura 2.12. Cuadro de diálogo `Propiedades de Pantalla`

Los elementos interactivos no son exclusivos de los cuadros de diálogo, sino que pueden aparecer en muchas otras ventanas.

Cuáles son los elementos interactivos

Tal y como se ha indicado, los elementos interactivos permiten al usuario especificar y elegir posibilidades que los programas le ofrezcan. A continuación se describen los distintos elementos interactivos, indicando cómo operar con ellos:

- **Solapas:** estos elementos, también conocidos como *pestañas*, que aparecen cuando un cuadro de diálogo tiene varias *fichas*, permiten activarlas haciendo clic sobre ellas. Observe, en la figura 2.13, las solapas del cuadro de diálogo de la figura 2.12.

Figura 2.13. Solapas de fichas

- **Botones de acción:** estos botones realizan, al hacer clic sobre ellos, una acción específica; aquéllos que aparezcan en gris tenue no estarán disponibles en ese momento, y los que presenten tres puntos suspensivos (...) activarán otro cuadro de diálogo. En la figura 2.14 se muestran algunos de los botones de acción más frecuentes.

Figura 2.14. Botones de acción

*Cuando se tiene activo un cuadro de diálogo, pulsar <**Intro**> equivale a hacer clic sobre el botón de acción que estuviera resaltado en ese momento que, habitualmente, es **Aceptar**. Por el contrario, pulsar **<Esc>** equivale a hacer clic sobre el botón **Cancelar**.*

- **Listas desplegables:** estos elementos permiten elegir una de las opciones englobadas en su lista; para ello hay que hacer clic sobre el *botón de apertura*, para desplegar la lista, y sobre la opción para seleccionarla. Observe un ejemplo en la figura 2.15.

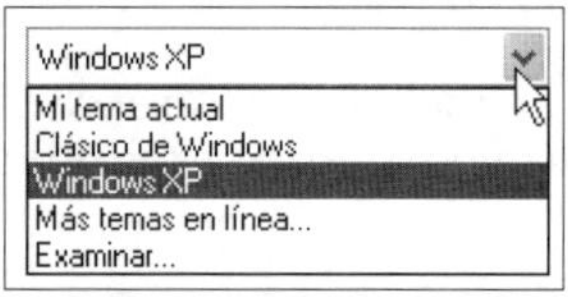

Figura 2.15. Lista desplegable

- **Botones de opción:** estos botones permiten activar opciones con sólo hacer clic sobre su círculo. Es muy frecuente que aparezcan agrupados, en cuyo caso sólo se podrá activar uno de ellos, que quedará identificado por mostrar su círculo marcado. En la figura 2.16 se muestra un ejemplo de estos botones.

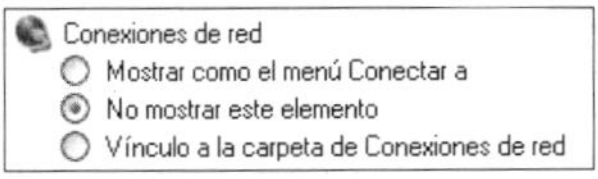

Figura 2.16. Botones de opción

- **Casillas de verificación:** estos elementos también permiten activar opciones pero, al contrario que los botones de opción, no son excluyentes entre sí, por lo que pueden activarse tantas opciones como se quiera. Las opciones activas se identifican por tener su casilla marcada con una cruz, tal y como muestra la figura 2.17.

Figura 2.17. Casillas de verificación

- **Cuadros de texto:** en estos elementos se puede escribir texto; para ello hay que hacer clic sobre el recuadro, para activarlo y poder así escribir el texto deseado. Si existiera algún texto escrito inicialmente, al hacer clic sobre el rectángulo quedará resaltado y, al escribir el nuevo se eliminará automáticamente el texto anterior (véase figura 2.18).

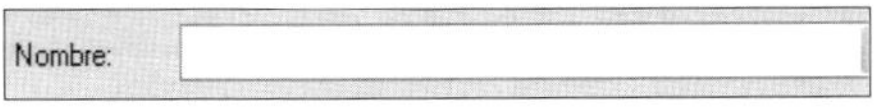

Figura 2.18. Cuadro de texto

- **Cuadros de información numérica:** estos elementos permiten especificar un valor numérico de varios modos: escribiéndolo como si de un cuadro de texto se tratara o modificando el valor existente mediante los `botones de incremento y decremento`. La figura 2.19 muestra un cuadro de información numérica.

Figura 2.19. Cuadro de información numérica

- **Pestaña de desplazamiento:** estas pestañas, situadas en guías, permiten seleccionar un valor intermedio entre dos valores límites con sólo arrastrar la pestaña hasta una posición intermedia. Observe un ejemplo en la figura 2.20.
- **Botones de desplazamiento o de apertura y cierre:** estos botones (que pueden ser rectangulares () o

circulares (⌃)) permiten, dependiendo de dónde estén colocados, desplazar la pestaña de una barra de desplazamiento, desplegar una lista desplegable, expandir un menú o barra de tareas, etc.

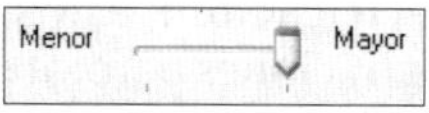

Figura 2.20. Pestaña de desplazamiento

- **Modificador de tamaño:** este elemento, ( ), que suele aparecer en la esquina inferior derecha de algunas ventanas y cuadros de diálogo, permite modificar su tamaño al arrastrarlo con el ratón.

Qué hemos aprendido

- A saber qué es una ventana.
- A abrir, maximizar, minimizar y restaurar una ventana.
- A modificar el tamaño y la posición de una ventana.
- A cerrar una ventana.
- A conocer los menús y las convenciones de sus opciones.
- A seleccionar opciones de menú.
- A conocer y utilizar los distintos elementos de interacción.

Ejercicios

1. ¿Qué diferencias existen entre minimizar y cerrar una ventana de aplicación?
2. Complete las siguientes frases:
   - Cuando una opción de menú se muestra en gris tenue...
   - Al hacer clic sobre una opción de menú que presenta tres puntos suspensivos...
   - Existen algunas opciones de menú que pueden estar activadas o no; cuando lo están se identifican por...
3. ¿Qué diferencias existen entre los botones de opción y las casillas de verificación?
4. ¿Qué son los menús contextuales? ¿Cómo se obtienen?
5. Investiguemos nuestro sistema; ¿qué función concreta tiene el elemento interactivo ( ) situado a la derecha de la barra de tareas de Windows, en lo que se denomina *bandeja de iconos* de Windows?

Lección 3

Personalización de Windows XP

Una de las características más sobresalientes de Windows XP es la posibilidad que ofrece para personalizarlo y adecuarlo a las necesidades y gusto de cada usuario.

En esta lección encontrará algunas de las posibilidades para personalizar el Escritorio así como el modo de llevarlas a cabo; modificará propiedades de la *pantalla*, de la *barra de tareas* y del menú `Inicio`.

Qué menú Inicio elegir

Como ya sabe, el menú `Inicio` de Windows, que se despliega al hacer clic sobre el botón **Inicio** de la barra de tareas, ofrece opciones para comenzar a realizar distintas tareas: arrancar aplicaciones, abrir ventanas para explorar el contenido de discos y carpetas, obtener ayuda, acceder a Internet para visualizar páginas Web o gestionar correo electrónico, etc.

Inicialmente, y como novedad de esta versión de Windows, el aspecto del menú `Inicio` será como el de la figura 3.1. La parte izquierda del menú se va actualizando automáticamente para mostrar las opciones que se utilicen con más frecuencia, aunque en su parte superior hay opciones fijas. Las opciones que muestren un triángulo a la derecha desplegarán, con sólo situar el ratón sobre ellas, un menú con más opciones.

Pero además del aspecto inicial del menú `Inicio` (figura 3.1), Windows ofrece la posibilidad de mostrarlo con un aspecto similar al de versiones anteriores del sistema operativo (véase figura 3.2), opción preferible quizás para los usuarios de dichas versiones.

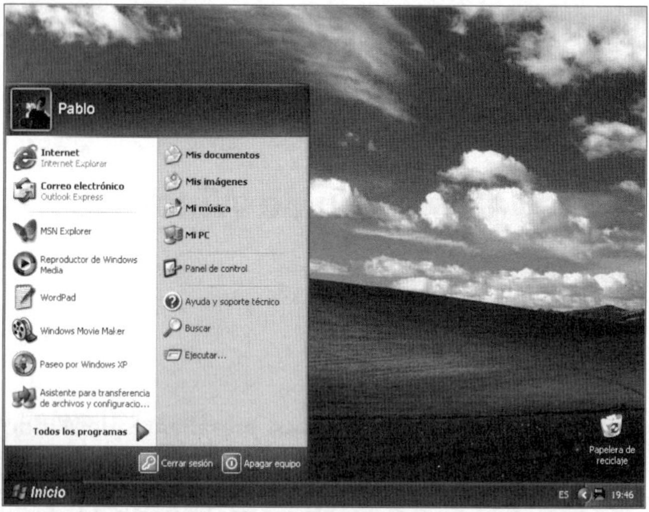

Figura 3.1. Menú `Inicio`

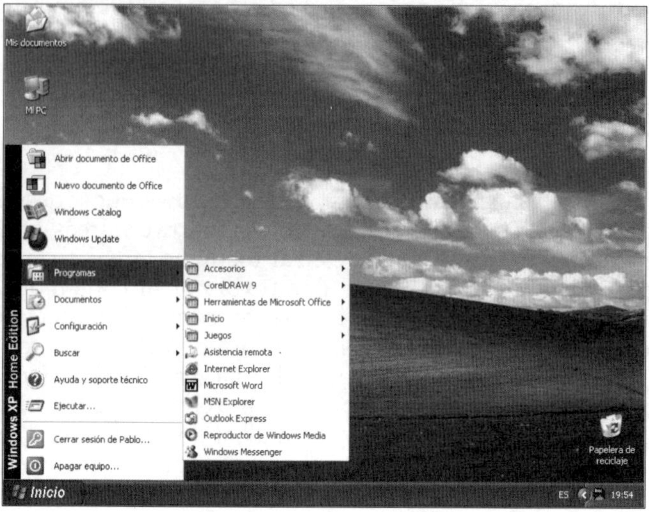

Figura 3.2. Vista clásica del menú `Inicio`

Los pasos a realizar para modificar la vista del menú `Inicio` son:

1. Hacer clic con el botón derecho sobre el botón **Inicio**, para desplegar su menú contextual.

2. Seleccionar la opción `Propiedades`; se activará el cuadro de diálogo de la figura 3.3.

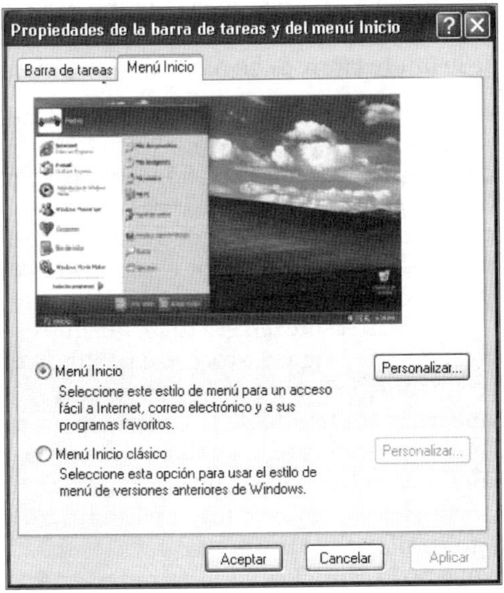

Figura 3.3. Vistas para el menú `Inicio`

3. Activar el tipo de menú, y hacer clic sobre el botón **Aceptar**.

Dicho esto, indicar que las explicaciones dadas en este libro se hacen tomando como referencia la vista del menú `Inicio` propia de Windows XP.

> *Puede abrir el menú* `Inicio` *pulsando* **<Control-Esc>** *o una de las teclas identificadas con el logotipo de* ***Windows*** *existentes en la parte inferior del teclado.*

Qué opciones de carpeta activar

Existen una serie de acciones que afectan al modo de manipular los objetos y de visualizar las ventanas de carpetas, que Windows permite decidir cómo se quieren realizar. Por ejemplo, se puede decidir si se quieren visualizar las carpetas con el aspecto propio de Windows XP o el clásico, si para abrir un objeto será necesario hacer clic, o doble clic, sobre él, y si la exploración de carpetas (aspecto que estudiará en futuras lecciones) se va a realizar en una única ventana o en varias.

Para comprobar qué opciones tiene activas, y modificar aquéllas que le interesaran, debe realizar los siguientes pasos:

1. Haga clic sobre el botón **Inicio** de la Barra de tareas, para desplegar su menú, y clic de nuevo en `Panel de control` para seleccionar esta opción; aparecerá una ventana (véase figura 4.1) desde la que se pueden acceder a distintas herramientas de configuración. Puesto que hay dos posibles vistas del Panel de control (*clásica* y *opciones agrupadas por categorías*) puede que su ventana tuviese otro aspecto diferente; en ese caso, busque el icono que indica el paso 3 y siga el proceso a partir de él.
2. Haga clic sobre la categoría `Apariencia y temas`; se actualizará el contenido de la ventana para mostrar las herramientas englobadas en dicha categoría.
3. Haga clic, o doble clic si hiciera falta, sobre el icono `Opciones de carpeta` (); aparecerá un cuadro de diálogo similar al de la figura 3.4.
4. Active, si no lo estuviera ya, la carpeta `General` haciendo clic en su solapa y compruebe qué opciones tiene activas.
5. Active las opciones que le interesen, pero tenga en cuenta que el desarrollo de este libro se ha realizando teniendo activas las opciones que muestra la figura 3.4.
6. Haga clic sobre el botón **Aceptar**, para cerrar el cuadro de diálogo aceptando las modificaciones realizadas.
7. Cierre la ventana abierta haciendo clic sobre su botón **Cerrar** ().

Cómo configurar la pantalla

Windows permite modificar multitud de propiedades relacionadas con la presentación de los objetos en pantalla: colores de las ventanas, fondo del Escritorio, resolución de la pantalla, etc. También es posible activar un *protector de pantalla* que evite el desgaste del monitor cuando una imagen permanezca inmóvil durante un periodo de tiempo.

Dos de las características más importantes del Escritorio son la resolución de la pantalla y el número de colores activos; éstos afectan a la visualización de todos los objetos e imágenes en pantalla, y los valores mínimos recomendados son: resolución de 800x600 (en píxeles) y color verdadero (24 ó 32 bpp). Tenga en cuenta que cuanto mayor sea la resolución, más información podrá ver en la pantalla.

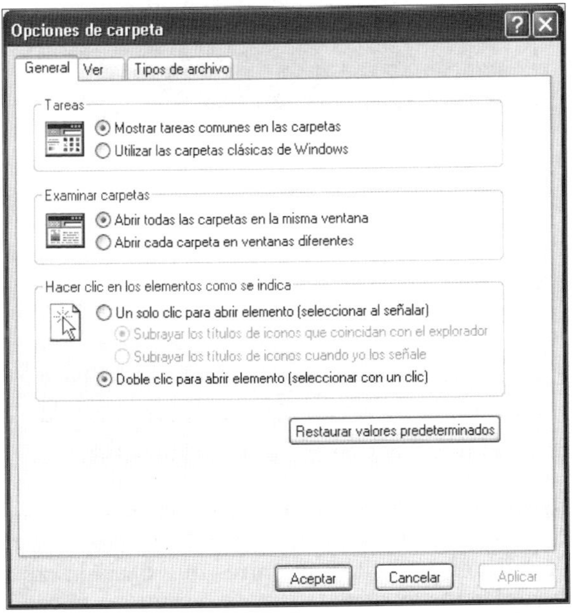

Figura 3.4. Cuadro de diálogo `Opciones de carpeta`

> *La resolución gráfica y el número de colores dependen de la tarjeta de vídeo y del monitor; por lo tanto, no todos los equipos pueden soportar la misma resolución.*

Realice los siguientes pasos para comprobar y / o modificar la resolución de la pantalla:

1. Haga clic con el botón derecho del ratón sobre un punto vacío del Escritorio, para obtener su menú contextual, y seleccione la opción `Propiedades`; se activará el cuadro de diálogo `Propiedades de Pantalla`.
2. Active la ficha `Configuración`, análoga a la figura 3.5, y lea la información acerca de la configuración de su pantalla.

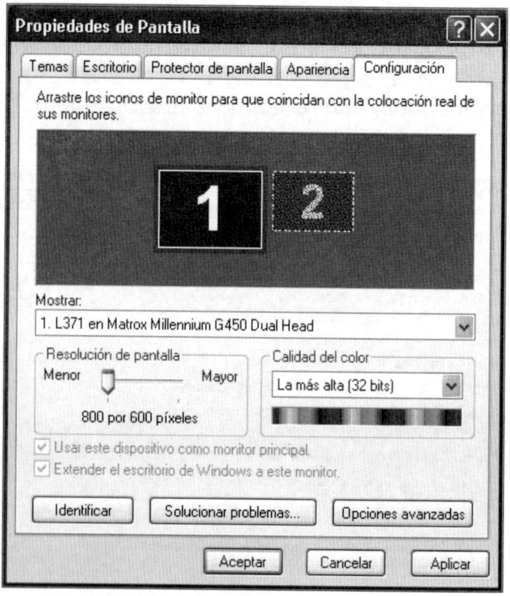

Figura 3.5. Configuración de la pantalla

3. Si desea modificar la resolución de la pantalla, arrastre la pestaña de desplazamiento: hacia la derecha alcanzará valores más altos, mientras que hacia la izquierda bajará la resolución.
4. Para activar la visualización con otro número de colores, despliegue la lista desplegable y seleccione una de las opciones disponibles.
5. Tras seleccionar los valores deseados, haga clic sobre el botón **Aceptar**.

Cómo modificar el aspecto del Escritorio

Además de la resolución de la pantalla, existen otras muchas características que permiten cambiar el aspecto del Escritorio, que pueden modificarse en las distintas fichas del cuadro de diálogo `Propiedades de Pantalla`.

1. Haga clic con el botón derecho sobre un punto vacío del Escritorio, y seleccione la opción `Propiedades`.

2. Active la ficha `Escritorio`, cuyo aspecto será similar al de la figura 3.6.

Figura 3.6. Selección de un fondo para la pantalla

Esta ficha permite seleccionar una imagen o un documento HTML (página Web), que se hubiera guardado en un archivo, para activarlos como *tapiz*, que no es otra cosa que el propio fondo del Escritorio. Una vez elegido un tapiz, éste puede ser colocado de tres modos diferentes:

- Centrado. Aparece en el centro de la pantalla y, dependiendo de su tamaño, ocupará más o menos espacio del Escritorio.
- Mosaico. El tapiz seleccionado se repetirá, en función de su tamaño, hasta rellenar todo el Escritorio.
- Expandido. El programa modificará el tamaño original del tapiz hasta ajustarlo al Escritorio.

3. Seleccione distintos tapices y active diferentes modos de colocación, comprobando sus aspectos en el monitor de prueba. Finalmente, deje activo el tapiz que más le guste.
4. Haga clic sobre el botón **Aplicar**, para que los cambios surtan efecto en el Escritorio sin tener que cerrar el cuadro de diálogo.

> *El botón* ***Personalizar escritorio*** *de la ficha* `Escritorio` *activa otro cuadro de diálogo en el que pueden elegirse los iconos que se desean ver en el Escritorio.*

5. Haga clic sobre la solapa `Apariencia`, para activar la ficha correspondiente (véase figura 3.7).

Figura 3.7. Apariencia del Escritorio

Esta ficha permite elegir el aspecto de las ventanas y botones, y los colores que Windows debe utilizar para mostrar los distintos elementos, tanto del Escritorio como de las ventanas. Para cambiar el aspecto de las ventanas y botones debe elegir una de las dos opciones (estilo XP o clásico) de la lista desplegable correspondiente. La modificación de los colores puede realizarse de modo global, seleccionando una combinación de la lista `Combinación de colores`, o de forma particular para cada elemento.

6. Compruebe el aspecto del Escritorio con las distintas posibilidades ofrecidas en esta ficha, y deje activas las que más le gusten.

> *Para cambiar el aspecto de los elementos individualmente, debe elegir previamente una combinación de colores y posteriormente hacer clic sobre el botón **Opciones avanzadas** para acceder a otro cuadro de diálogo en el que se pueden personalizar los distintos elementos.*

7. Haga clic sobre el botón **Aplicar**, para que los cambios surtan efecto en el Escritorio sin cerrar el cuadro de diálogo.
8. Active la ficha `Protector de pantalla`; aparecerá las opciones de la figura 3.8, con las que se puede activar un protector de pantalla para evitar su deterioro o, si el monitor lo permite, prepararlo para que se desactive automáticamente y reducir así su consumo.

Figura 3.8. Protectores de pantalla

Los protectores de pantalla suelen ser una sucesión de imágenes estáticas, secuencias de vídeos, sonidos..., que se activan automáticamente al transcurrir un periodo de tiempo previamente especificado por el usuario; con esto se consigue que la imagen no quede inmóvil y la pantalla no sufra deterioro por dicha razón.

9. Seleccione, de la lista de protectores, diferentes protectores disponibles y compruebe su aspecto y funcionalidad en el monitor de prueba. Si desea comprobar su aspecto real, haga clic sobre el botón **Vista previa**; en ese caso bastará con pulsar una tecla o mover el ratón para desactivar el protector y volver al cuadro de diálogo.
10. Especifique los minutos que el ordenador debe esperar, sin que se realice ninguna acción, para que se active automáticamente el protector de pantalla.

*El botón **Configuración** permite activar otro cuadro de diálogo en el que se puede especificar algunas características propias del protector elegido: velocidad de movimiento, activación de sonido...*

11. Una vez que haya personalizado las propiedades del Escritorio, haga clic sobre el botón **Aceptar** para cerrar el cuadro de diálogo.

Cómo activar un tema de escritorio

Otro modo de modificar la apariencia del Escritorio consiste en seleccionar un *tema de escritorio*; cada tema tiene una colección de iconos, fuentes, colores, punteros del ratón, sonidos, imágenes, protector de pantalla... relacionados entre sí.

1. Haga clic con el botón derecho sobre un punto del Escritorio, y seleccione la opción `Propiedades`.
2. Active la ficha `Temas`, y compruebe que el seleccionado por defecto es `Windows XP` (véase figura 3.9).
3. Si quiere seleccionar otro tema distinto, despliegue la lista y elíjalo de los existentes.

La opción `Más temas en línea` *de la lista desplegable permite conectarse a Internet y descargar otros temas para el Escritorio. Por otra parte, la opción* `Examinar` *permite buscar, en unidades de disco y carpetas, otros temas para activar.*

4. Una vez elegido un tema, haga clic sobre el botón **Aceptar**. Visualizará el Escritorio con el nuevo aspecto.

Figura 3.9. Temas de Escritorio

Cómo personalizar la barra de tareas

La barra de tareas, situada en la parte inferior del Escritorio, es un elemento esencial para trabajar en Windows, puesto que desde ella se podrán manipular todas las ventanas abiertas en el Escritorio. Aunque su aspecto variará a medida que se trabaje, siempre será similar al de la figura 3.10; en ellas estarán siempre el botón **Inicio** y la *Bandeja de iconos,* y a medida que se abran ventanas irán apareciendo sus botones identificadores.

Figura 3.10. Barra de tareas

Como cualquier otro elemento de Windows, esta barra tiene unas características que pueden ser modificadas.

1. Pulse el botón derecho del ratón sobre un punto de la barra de tareas, para desplegar su menú contextual, y seleccione `Propiedades`; aparecerá el cuadro de diálogo de la figura 3.11.

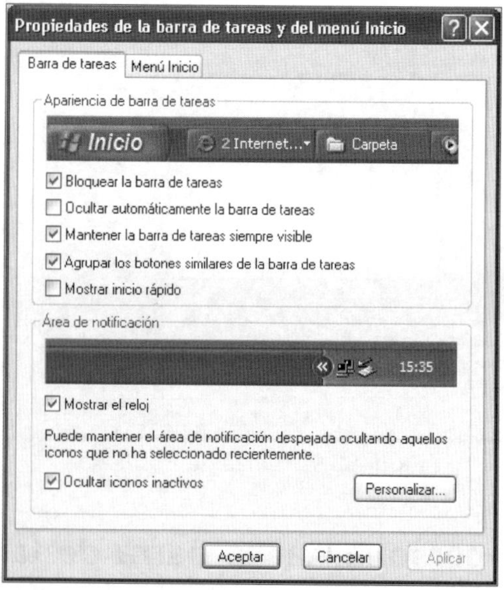

Figura 3.11. Propiedades de Barra de tareas

Algunas de las características que se pueden activar o desactivar son:

- *Bloquear la barra de tareas*; evita que la barra de tareas pueda moverse a otro punto del escritorio, y que las barras de herramientas incluidas en ella puedan moverse o modificarse su tamaño.
- *Ocultar automáticamente*; la barra de tareas se ocultará y sólo se visualizará cuando se sitúe el puntero del ratón en la parte inferior de la pantalla.
- *Mantener siempre visible*; la barra de tareas estará visible incluso cuando se maximicen ventanas.
- *Agrupar botones similares;* los botones identificadores de documentos de un mismo programa estarán juntos en la barra de herramientas e incluso, si el número de botones fuera muy elevado, estos botones se contraerían formando uno solo.

- *Mostrar Inicio rápido*; activará la barra `Inicio rápido`, que se situará a la derecha del botón **Inicio**. Esta barra ofrecerá accesos directos a algunas aplicaciones concretas y al Escritorio.
- *Mostrar el reloj*; permitirá visualizar la hora del reloj en la bandeja de iconos. Además, si se sitúa el ratón sobre él, aparecerá un cuadro emergente con la fecha actual.
- *Ocultar iconos inactivos*; ocultará automáticamente los iconos que estén inactivos de la bandeja de iconos.

2. Una vez que haya activado (desactivado) las opciones que le interesen, haga clic sobre el botón **Aceptar**.

> *Aunque la barra de tareas aparece por defecto en la parte inferior del Escritorio, puede situarse en cualquier otro lateral del mismo con sólo arrastrarla; para ello deberá desactivar previamente la opción* `Bloquear la barra de tareas`.

Cómo añadir o eliminar barras de herramientas a la barra de tareas

La barra de tareas puede contener ciertas barras de herramientas, algunas de las cuales ya se han mencionado en apartados anteriores. Observe, en la figura 3.12, las barras disponibles y lea a continuación qué botones incluye cada una de ellas.

1. Haga clic con el botón derecho sobre cualquier punto vacío de la barra de tareas, y sitúe el puntero sobre la opción `Barras de herramientas` del menú contextual; visualizará el nombre de las barras existentes (véase figura 3.12), que podrá activar o desactivar según le interese.

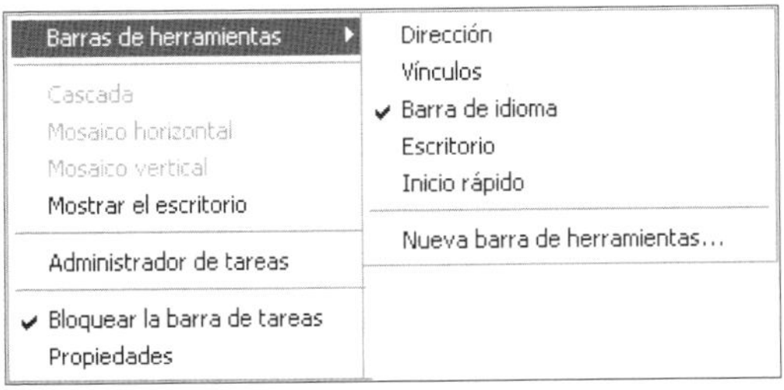

Figura 3.12. Menú contextual de la Barra de tareas

- La barra Dirección permite especificar la dirección URL de una página Web para conectarse directamente a ella, el nombre y ruta de acceso de un documento para abrirlo, el nombre de una carpeta del disco duro para abrir una ventana en la que explorar su contenido, etc.
- La barra Vínculos ofrece enlaces directos a páginas Web de Microsoft.
- La barra de idiomas permitirá cambiar, siempre y cuando se hayan instalado varios, el idioma de escritura.
- La barra Escritorio ofrece, además de algunos enlaces determinados, otros equivalentes a los iconos de acceso directo existentes el Escritorio.
- La barra Inicio rápido contiene botones para arrancar, o activar, determinadas aplicaciones: el navegador Internet Explorer, el Escritorio y el reproductor de Windows Media.

Cómo personalizar el menú Inicio

Las opciones y el aspecto del menú Inicio variarán en función de las aplicaciones instaladas en el ordenador, del propio manejo de Windows por parte del usuario, y de las opciones que éste haya elegido para el menú.

Para personalizar el menú Inicio y elegir algunas de las características que Windows ofrece, hay que:

1. Hacer clic con el botón derecho sobre el botón **Inicio**, para desplegar su menú contextual.
2. Seleccionar la opción Propiedades, para activar el cuadro de diálogo correspondiente.
3. Hacer clic sobre el botón **Personalizar**, para acceder a la ficha General del cuadro de la figura 3.13.

Como fácilmente puede deducirse de la figura 3.13, se puede elegir el tamaño de sus iconos, el número de accesos directos a las aplicaciones utilizadas recientemente que se quieren tener disponibles en el menú de la izquierda, así como qué programas de visualización de páginas Web y correo electrónico se quieren tener disponibles en el menú.

En la ficha Opciones avanzadas (véase figura 3.14) se encuentran otras interesantes opciones para el menú, entre las que podemos destacar aquélla que permite activar la visualización de un nueva opción, Mostrar los documentos abiertos recientemente, que desplegará un submenú con enlaces a los documentos en los que se haya trabajado recientemente.

Figura 3.13. Personalizar el menú `Inicio`

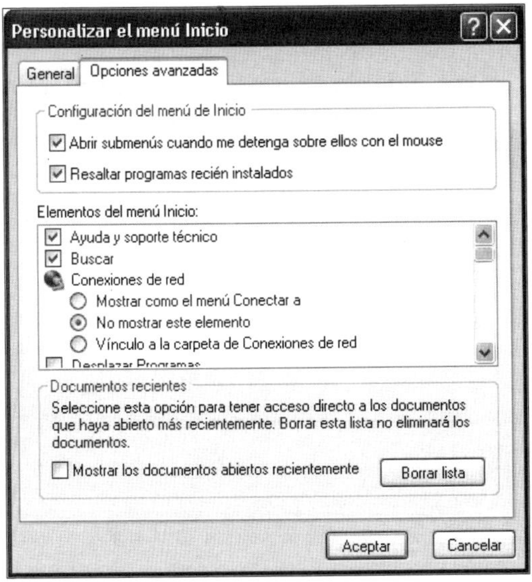

Figura 3.14. Opciones avanzadas de personalización

4. Una vez personalizado el menú, deberá hacer clic sobre los botones **Aceptar** de los cuadros de diálogo abiertos para cerrarlos y aplicar los cambios realizados.

Qué hemos aprendido

- A conocer los principales elementos del Escritorio.
- A personalizar el Escritorio: cambiar la resolución de la pantalla, colocar un tapiz de fondo, activar un protector de pantalla...
- A modificar las características de la barra de tareas.
- A agregar o eliminar barras de herramientas de la barra de tareas.
- A personalizar el menú `Inicio`.

Ejercicios

1. ¿Cuál es la resolución activa de su pantalla?
2. ¿Qué es un tapiz? ¿Cómo puede activarse uno determinado?
3. Compruebe los distintos protectores de pantalla y deje activo aquél que más le guste para que se active a los 3 minutos.
4. Sitúe la barra de tareas en los distintos laterales del Escritorio, y déjela en aquél que más le interese.
5. Active la visualización, en el menú `Inicio`, de la lista de documentos abiertos recientemente.

Lección 4

Configuración del sistema

Windows XP permite modificar tanto su propia configuración como la del ordenador mediante las herramientas incluidas en el **Panel de control**. Algunas de estas herramientas ya las utilizó en la lección anterior para modificar ciertas propiedades de la pantalla, de la barra de tareas y del menú `Inicio`; ahora estudiará otras que le permitirán realizar tareas diversas.

Qué es el Panel de control

El **Panel de control** es una carpeta que agrupa las herramientas de configuración y personalización del sistema. Aunque la mayoría de las herramientas disponibles en este panel son propias de Windows, pueden existir otras externas a Windows que se sitúan automáticamente en él al instalar ciertas aplicaciones.

1. Haga clic sobre el botón **Inicio**, para desplegar su menú, y seleccione la opción `Panel de control`. Aparecerá la ventana `Panel de control` con el aspecto de la figura 4.1 ó 4.2, dependiendo de qué vista se tenga activa: `por categoría` (figura 4.1) o `vista clásica` (figura 4.2). Para intercambiar las vistas basta con hacer clic sobre la opción correspondiente del cuadro `Panel de control` situado a la izquierda de la ventana.

En caso de tener activa la vista por categorías, para acceder a las distintas herramientas habrá que abrir previamente su categoría haciendo clic sobre el nombre de ésta; al hacerlo, aparecerán nuevas categorías o enlaces directos a las distintas herramientas de configuración.

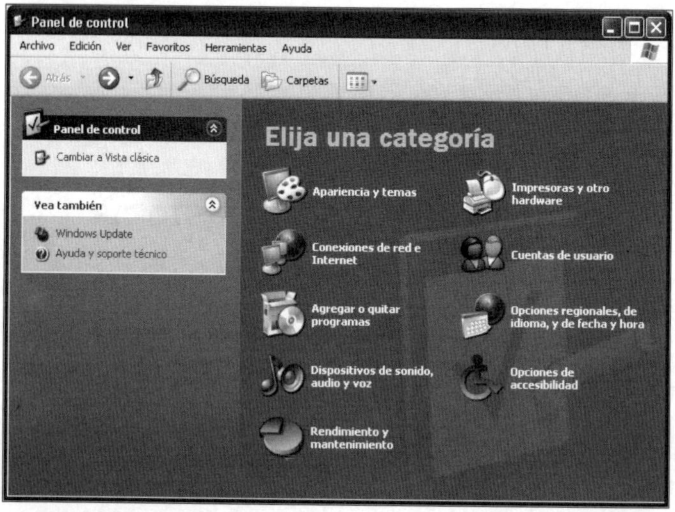

Figura 4.1. Panel de control con la vista por categorías

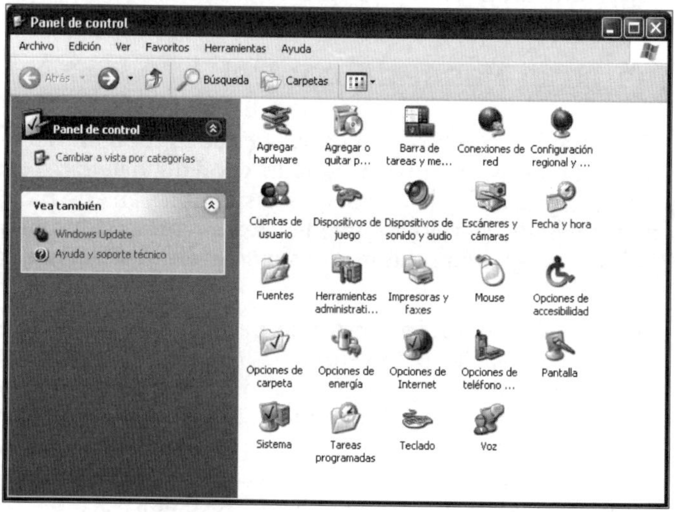

Figura 4.2. Panel de control con la vista clásica

2. Active, si no la tuviera, la vista por categorías; para ello debería hacer clic sobre la opción `Cambiar a vista por categorías` existente en la parte superior izquierda de la ventana (véase figura 4.2).

3. Asigne un tamaño a la ventana de modo que pueda ver todas las categorías; tome de referencia la figura 4.1.

Los botones (Atrás) y ( ) existentes en la barra de herramientas de la ventana del Panel de tareas permiten acceder a la ventana anterior o posterior a la activa.

Cómo instalar o desinstalar aplicaciones

La instalación de nuevas aplicaciones es cada vez más sencilla; en general basta con introducir el CD-ROM del programa en la unidad correspondiente para que se ejecute automáticamente un Asistente que lleva el control de todo el proceso. Sin embargo, esta operación también podría hacerse mediante la herramienta de configuración `Agregar o quitar programas`, aunque la utilidad más importante de esta herramienta es la de eliminar correctamente algunas de las aplicaciones instaladas en el ordenador.

1. Abra, si no lo estuviera, la ventana del Panel de control tal y como se ha indicado en el apartado anterior, y active la vista por categorías.
2. Haga clic sobre el enlace `Agregar o quitar programas`, para abrir la ventana de la figura 4.3.

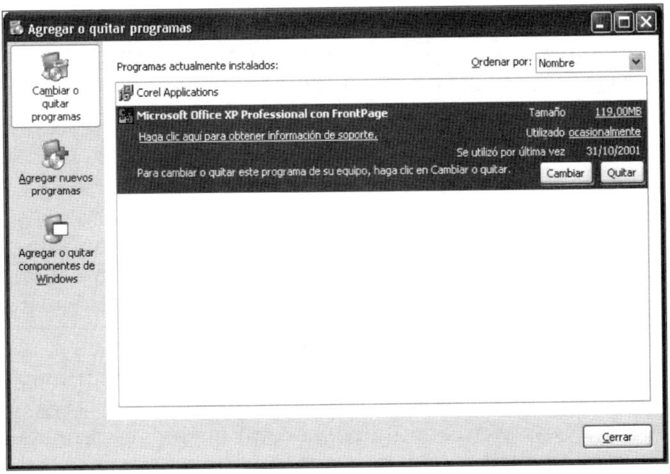

Figura 4.3. Instalar o desinstalar aplicaciones

Si quisiera instalar una aplicación, debería hacer clic sobre el botón **Agregar nuevos programas** existente a la izquierda de la ventana y seguir las indicaciones que le aparecerán hasta iniciar el programa de instalación; a partir de ese momento tendrá que seguir los pasos que el Asistente de la instalación le irá mostrando.

En caso de querer desinstalar alguna de las aplicaciones instaladas en su ordenador, y que aparezca en el listado de la figura 4.3, tendría que hacer clic sobre su botón **Quitar** y seguir los pasos que el programa le fuera indicando. Al final del proceso se habrán eliminado tanto los archivos del programa como sus líneas en los ficheros de configuración del sistema, hecho que no hubiera ocurrido si no se hubiera empleado esta herramienta de configuración.

> *El botón* ***Cambiar*** *de cada una de las aplicaciones instaladas permite iniciar el programa de instalación para agregar, o eliminar, componentes y funciones de la aplicación correspondiente.*

Cómo agregar o eliminar componentes de Windows

El número de componentes de Windows (herramientas del sistema, utilidades de configuración, juegos...) depende de la instalación que se haya realizado. Cuando necesite agregar algún componente no instalado, o eliminar otros que considere innecesarios, deberá proceder así:

1. Abra, si no lo estuviera, la ventana del Panel de control y active la vista por categorías.
2. Haga clic sobre el enlace `Agregar o quitar programas`, para abrir la ventana de la figura 4.3.
3. Haga clic sobre el botón **Agregar o quitar componentes de Windows** situado a la izquierda de la ventana, para obtener una lista con los grupos de componentes (véase la figura 4.4).

Cuando un grupo presenta su casilla en blanco y sin marcar, es que ninguno de sus componentes está instalado; si la casilla es blanca y está marcada, todos sus componentes están instalados, y si la casilla está marcada con un fondo gris, están instalados sólo algunos de sus componentes.

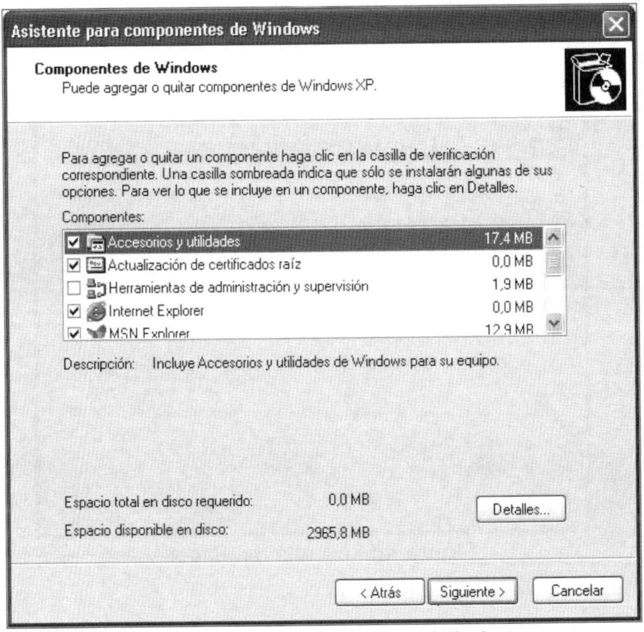

Figura 4.4. Componentes de Windows

Para instalar o desinstalar un grupo completo hay que activar o desactivar su casilla; si lo que se quiere es activar o desactivar algún componente de un grupo, hay que seleccionar éste de la lista y hacer clic sobre el botón **Detalles** para acceder a otro cuadro de diálogo en el que tendrá que activar, o desactivar, la casilla del componente.

4. Resalte el grupo `Accesorios y utilidades` y haga clic sobre el botón **Detalles.** Obtendrá otro cuadro en el que comprobará que este grupo engloba dos subgrupos.
5. Resalte el grupo `Juegos` y haga clic sobre el botón **Detalles**; obtendrá el listado de juegos disponibles en Windows, que en caso de haber realizado la instalación habitual serán los de la figura 4.5.
6. Como en este caso no va a eliminar ni agregar ningún componente, haga clic sobre los botones **Cancelar** de los cuadros de diálogo abiertos hasta dejar activo el cuadro de diálogo `Agregar o quitar programas.`
7. Haga clic sobre el botón **Cerrar** del cuadro de diálogo, para cerrarlo y dejar activa la ventana del Panel de control.

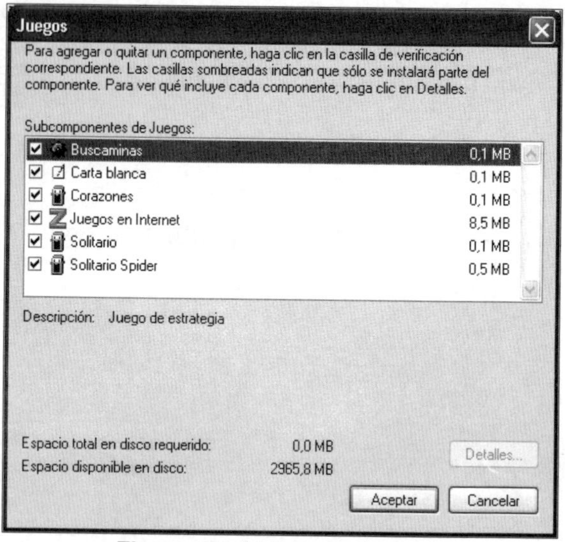

Figura 4.5. Listado de juegos

Cómo agregar nuevos dispositivos

Todos los dispositivos conectados al ordenador deben configurarse para que su funcionamiento sea correcto; cuando se instala Windows, éste configura automáticamente todos los dispositivos que estén conectados en ese momento. Pero además, Windows también se encarga de comprobar, cada vez que se arranca el ordenador, si se han conectado nuevos dispositivos al equipo y, en caso afirmativo, lo identificará e intentará configurarlo automáticamente.

Aún así, pueden existir algunos casos en los que la configuración de dispositivos deba realizarse de forma manual, y para ello deberá utilizarse la herramienta apropiada. Los pasos a seguir serían:

1. Abrir, si no lo estuviera, el Panel de control y activar la vista por categorías.
2. Hacer clic sobre la categoría `Impresoras y otro hardware`, para visualizar sus herramientas.
3. Hacer clic sobre el icono **Agregar hardware**, que es muy probable que se encuentre en el panel izquierdo de la ventana; aparecerá el primer cuadro de diálogo del Asistente que llevará el control del proceso.

4. Hacer clic sobre el botón **Siguiente**; el Asistente buscará los nuevos dispositivos; cuando los localice, se los mostrará en el cuadro de diálogo para que los seleccione y prosiga con su configuración (tan sólo tendrá que ir realizando los pasos que el Asistente le indique).

Si no localizará ningún componente, le pedirá confirmación de que éstos ya están conectados, y le informará posteriormente de los componentes instalados en su equipo. En la parte inferior del listado volverá a disponer de una opción para instalar los nuevos componentes. Como en los primeros pasos, bastará con seguir las indicaciones que el Asistente vaya haciendo.

5. Una vez finalizado el proceso, deberá cerrar las ventanas abiertas.

> *Si Windows no localiza, entre sus controladores, los archivos necesarios para configurar un nuevo dispositivo, pedirá que se introduzca el disco, o CD-ROM, proporcionado por el fabricante.*

Cómo instalar una impresora

Para que cualquier documento, sea cual sea la aplicación con la que se ha creado, pueda imprimirse en una impresora, ésta debe estar conectada y configurada correctamente. Las operaciones de instalación, desinstalación y configuración de impresoras se realiza mediante una herramienta específica.

1. Abra, si no lo estuviera, el Panel de control y active la vista por categorías. Haga clic sobre la categoría `Impresoras y otro hardware`, para visualizar sus herramientas.
2. Haga clic sobre el enlace `Agregar una impresora`. Aparecerá el primer cuadro de diálogo del Asistente, en el que deberá hacer clic sobre el botón **Siguiente**.
3. Active las opciones `Impresora local conectada a este equipo` y `Detectar e instalar mi impresora...`, y haga clic sobre el botón **Siguiente**. El Asistente buscará y mostrará las impresoras *Plug and Play* localizadas; a partir de ese momento, bastará con seguir los pasos que éste indique.
4. En caso de no localizar la impresora, por ejemplo por no ser *Plug and Play*, tendrá que hacer clic sobre el botón **Siguiente**.

5. Confirme el puerto al que está conectada la impresora, habitualmente el puerto paralelo LPT1, y haga clic sobre el botón **Siguiente**.
6. Seleccione la marca y modelo de la impresora (véase figura 4.6), y haga clic sobre el botón **Siguiente**.

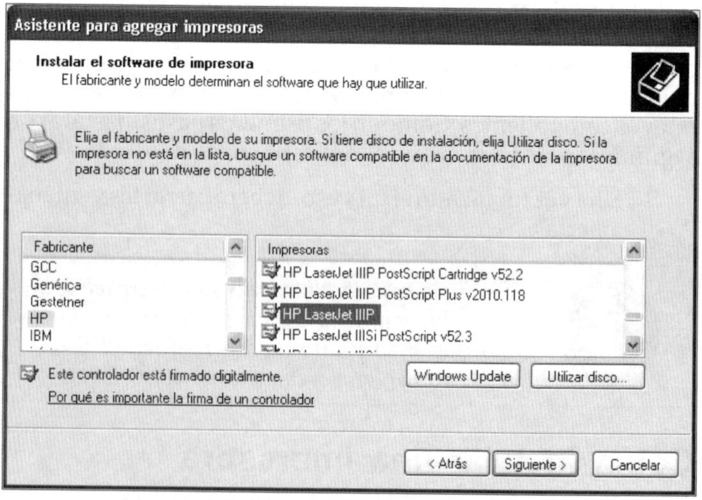

Figura 4.6. Listado de nuevas impresoras

7. Prosiga con los pasos que le indique el Asistente, y finalmente tendrá su impresora perfectamente configurada para ser utilizada.

Una vez que se tiene alguna impresora preparada, ésta aparecerá en la ventana de impresoras como en la figura 4.7; a esta ventana se puede acceder mediante la opción `Ver impresoras o impresoras de fax instaladas` existente en la categoría `Impresoras y otro hardware`.

Cómo modificar las propiedades de la impresora

Como ya se ha indicado, las impresoras instaladas estarán visibles en la carpeta de impresoras (véase figura 4.7), desde la que se puede comprobar y modificar algunas de sus propiedades (tamaño y orientación del papel, resolución gráfica, datos relacionados con el puerto al que esté conectada...).

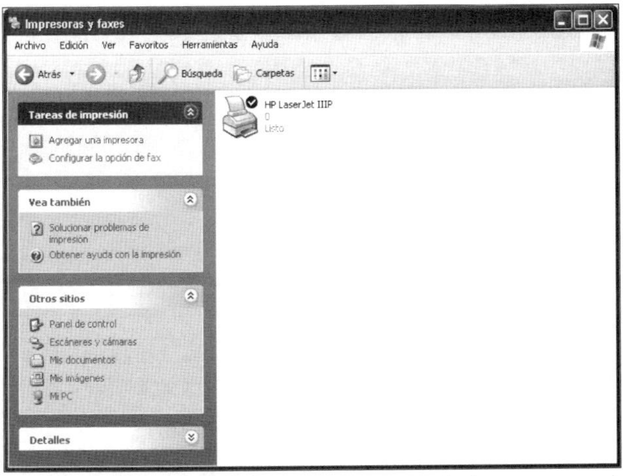

Figura 4.7. Impresoras conectadas

1. En caso de no tener activa la ventana de impresoras, abra el Panel de control, active la vista por categorías, y haga clic, sucesivamente, sobre la categoría `Impresoras y otro hardware` y sobre el enlace `Ver impresoras o impresoras de fax instaladas`.
2. Haga clic sobre la impresora cuyas propiedades quiera ver o modificar; aparecerán diferentes opciones en el panel izquierdo de la ventana.
3. Haga clic sobre la opción `Configurar propiedades de impresora` para activar el cuadro de la figura 4.8, cuyas fichas permiten ver, y modificar, las propiedades de la impresora resaltada.
4. Una vez modificadas las características, cierre el cuadro de diálogo mediante el botón **Aceptar**. Volverá a la ventana de impresoras.

*El botón **Imprimir página de prueba** del cuadro de diálogo* `Propiedades de impresora` *permite comprobar si la impresora conectada imprime correctamente.*

Cómo modificar la fecha y hora

Cuando compruebe que el reloj de la bandeja de iconos muestra una hora o fecha incorrectas, deberá actualizarlo mediante la herramienta de configuración adecuada.

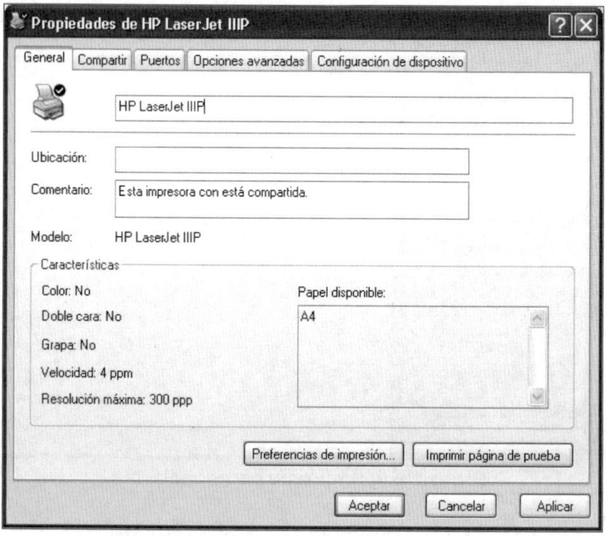

Figura 4.8. Propiedades de impresora

1. Abra el panel de control con la vista por categorías, y haga clic sobre la categoría `Opciones regionales, de idioma, y de fecha y hora`.
2. Haga clic sobre el enlace `Cambiar fecha y hora`; obtendrá el cuadro de diálogo de la figura 4.9. A este mismo cuadro de diálogo se llega de forma más rápida haciendo doble clic sobre el reloj de la bandeja de iconos.

Figura 4.9. Propiedades de fecha y hora

3. Modifique los datos erróneos (hora, minutos, mes, día...) y haga clic sobre el botón **Aceptar**.

Cómo configurar el ratón

Existen numerosas características del ratón que pueden ser modificadas para personalizarlo a su gusto y necesidades.

1. Abra el Panel de control con la vista por categorías, y haga clic sobre la categoría `Impresoras y otro hardware`.
2. Haga clic sobre el enlace Mouse, para activar el cuadro de diálogo de la figura 4.10.

Figura 4.10. Propiedades del ratón

Algunas de las acciones que se pueden realizar son:

- Intercambiar los botones del ratón para facilitar su manejo a personas zurdas.
- Modificar la velocidad del doble clic; tenga cuidado de no seleccionar un valor demasiado alto, ya que puede tener dificultades para operar posteriormente. Conviene comprobar, en el icono "carpeta" de prueba, el nuevo valor antes de aceptarlo.

- Modificar la velocidad de movimiento del indicador en pantalla; esta opción se encuentra en la ficha `Opciones de puntero`.
- Cambiar la forma de los punteros del ratón para las distintas situaciones, eligiéndola de la ficha `Punteros`.
- Especificar el desplazamiento vertical que se quiere conseguir al pulsar la rueda central del ratón, siempre y cuando el ratón disponga de ella; esta opción está en la ficha `Rueda`.

3. Una vez modificada la configuración del ratón, haga clic sobre el botón **Aceptar**.

Cómo configurar el teclado

Windows también permite modificar algunos aspectos relacionados con el teclado, tales como la velocidad de parpadeo del cursor, el tiempo que debe transcurrir desde que se tiene pulsada una tecla para que empiece a repetir el carácter, la velocidad con que se repetirá, etc.

1. Abra el Panel de control con la vista por categorías, y haga clic sobre la categoría `Impresoras y otro hardware`.
2. Haga clic sobre el enlace `Teclado`, para activar el cuadro de diálogo de la figura 4.11.

Figura 4.11. Opciones de teclado

3. Modifique las opciones que considere oportunas; para comprobar el efecto de los nuevos valores, haga clic sobre el recuadro de texto, para activarlo, y mantenga pulsada una tecla.
4. Modifique, si lo desea, la velocidad de intermitencia del cursor.
5. Haga clic sobre el botón **Aceptar**.

Cómo configurar el idioma del teclado

Además de la configuración de las propiedades del teclado vistas en el apartado anterior, es muy importante tener bien configurado el idioma del teclado, puesto que de lo contrario es muy probable que no puedan escribirse ciertos caracteres particulares de cada país, como por ejemplo las vocales acentuadas, el carácter "ñ", etc.

Los pasos que hay que realizar para ver, y modificar si hiciera falta, el idioma del teclado son:

1. Abra el panel de control con la vista por categorías, y haga clic sobre la categoría `Opciones regionales, de idioma, y de fecha y hora.`
2. Haga clic sobre el enlace `Agregar otros idiomas`; obtendrá un cuadro de diálogo en el que debe hacer clic sobre el botón **Detalles** de la ficha `Idiomas`; aparecerá el cuadro de la figura 4.12.

El idioma resaltado en negrita, que será el seleccionado en la lista desplegable de la parte superior del cuadro, es el que está activo en ese momento. Para activar otro de los disponibles (cuadro central), bastará con seleccionarlo de la lista desplegable. Si el idioma no estuviera disponible, habría que agregarlo mediante el botón **Agregar**. En caso de que un idioma disponible no se vaya a utilizar, conviene eliminarlo de la lista de modo que el sistema libere recursos para otros menesteres; para ello habría que seleccionarlo y hacer clic sobre el botón **Quitar**.

3. Cierre los cuadros de diálogo abiertos haciendo clic sobre sus botones **Cancelar**.

Cuando se tienen varios idiomas disponibles, es posible activar uno de ellos seleccionándolo de la lista desplegable que se abre al hacer clic en el botón ***Idiomas*** *(ES) situado en la barra de tareas.*

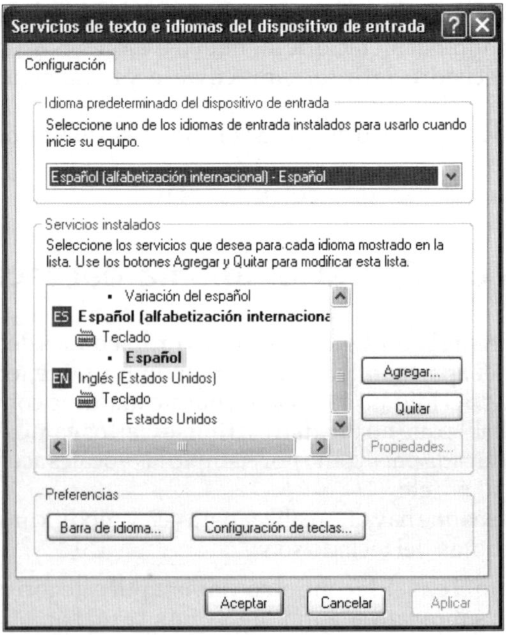

Figura 4.12. Idiomas

Qué son las opciones de accesibilidad

Windows ofrece una amplia gama de opciones de accesibilidad que permiten modificar algunas características del sistema para facilitar su utilización a personas con alguna discapacidad física.

1. Abra el Panel de control con la vista por categorías, y haga clic sobre la categoría `Opciones de accesibilidad`, para ver los enlaces a las distintas herramientas englobadas en ella, tal y como muestra la figura 4.13.

La opción `Ampliador` permite iniciar una aplicación que amplía un área de la pantalla para facilitar la visualización a personas con problemas visuales.

La opción `Teclado en pantalla` activa una ventana con un teclado desde la que se puede introducir caracteres en cualquier aplicación con sólo hacer clic sobre sus teclas.

Los enlaces `Ajustar el contraste de texto...` y `Opciones de accesibilidad` activan un cuadro de diálogo con diferentes fichas que agrupan opciones que permiten adecuar el teclado, la pantalla o el ratón a personas con ciertas dificultades físicas.

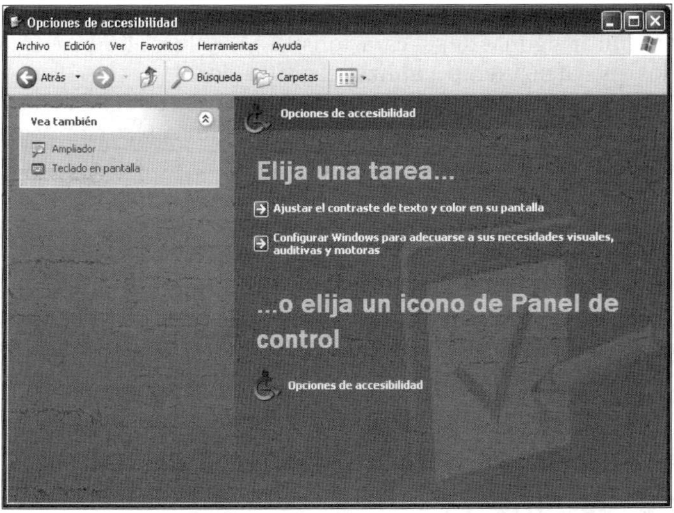

Figura 4.13. Opciones de accesibilidad

La opción `Configurar Windows para adecuarse...` permite iniciar un asistente que configurará automáticamente el sistema en función de las necesidades visuales, auditivas o motrices que el usuario tenga.

2. Opere según le interese, aceptando las posibles modificaciones realizadas.

Qué significa que un ordenador pueda tener varios usuarios

Una de las características más relevantes de Windows XP es que ha asumido perfectamente que un mismo equipo puede ser utilizado por varias personas distintas, y ha incorporado interesantes posibilidades para que cada usuario mantenga sus ficheros más personales fuera del alcance del resto de usuarios.

Por este motivo, y una vez que se han declarado varios usuarios, el sistema operativo obliga a la persona que lo va a utilizar a identificarse como alguno de esos usuarios; al hacerlo, comenzará la sesión de trabajo de ese usuario. Si recuerda, al instalar Windows tuvo que indicar, como mínimo, un nombre de usuario, e incluso pudo especificar contraseñas para los usuarios que definiera. Pero en cualquier momento es posible declarar nuevos usuarios, modificar algunas de sus características, e incluso eliminar usuarios que ya no fueran a utilizar el ordenador.

Las ventajas de tener definidos usuarios es que cada uno de ellos dispondrá, de forma privada, de algunos recursos como:

- Una configuración (colores, protector, tapiz...) personal tanto del Escritorio como de Windows.
- Posibilidad de bloquear ciertas características de configuración.
- Sus propias listas de favoritos y direcciones Web visitadas.
- Una carpeta `Mis documentos` personal, de manera que sus archivos no estén en la misma carpeta que la de otros usuarios, e incluso protegerlos mediante una contraseña.

Cómo crear y modificar una cuenta de usuario

Todas las características de un usuario forman lo que se denomina *la cuenta del usuario*; por lo tanto, para modificar alguna de estas características hay que abrir dicha cuenta y cambiarlas allí.

1. Abra el Panel de control con la vista por categorías, y haga clic sobre la categoría `Cuentas de usuario`, para acceder a la ventana de gestión de cuentas. Si el usuario activo es el Administrador, la ventana mostrará todas las cuentas definidas y las herramientas que permiten gestionarlas (véase figura 4.14), mientras que si el usuario activo es otro distinto al Administrador, la ventana sólo mostrará las herramientas para gestionar su cuenta (véase figura 4.15).

Desde la ventana de la figura 4.14 puede accederse a la de la figura 4.15, para cambiar las propiedades de una cuenta, con sólo hacer clic sobre la imagen que identifica la cuenta a modificar.

Tal y como puede verse en la figura 4.14, existen dos tipos de cuentas de usuario con privilegios diferentes: las cuentas de administrador tiene el máximo de privilegios mientras que las cuentas limitadas tienen restringidas ciertas posibilidades. Los usuarios definidos como administradores del sistema podrán crear y borrar cuentas, modificar las cuentas de otros usuarios, instalar programas y nuevos dispositivos (hardware), y trabajar con todos los archivos excepto los privados.

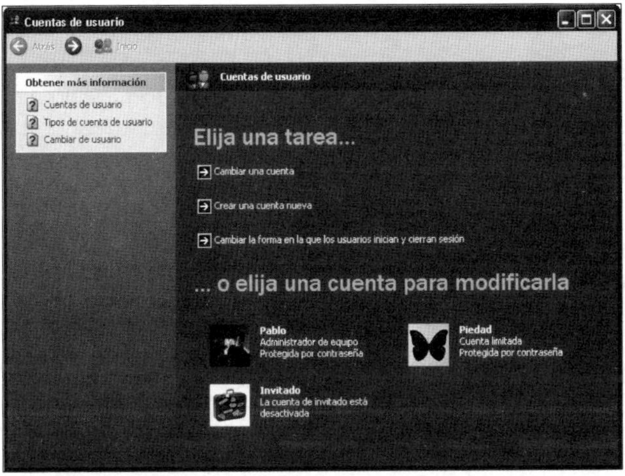

Figura 4.14. Ventana de gestión de cuentas de usuario

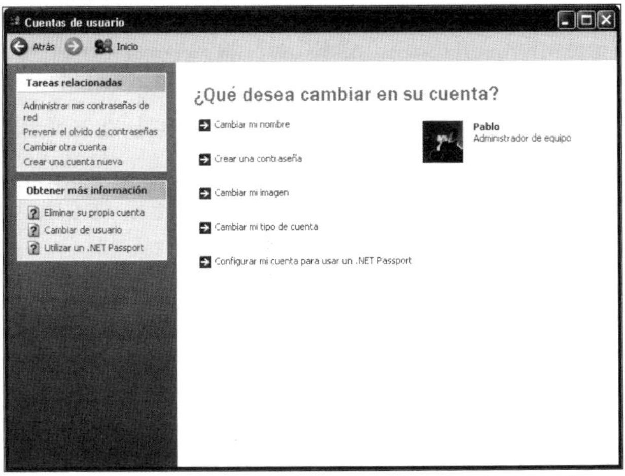

Figura 4.15. Modificación de una cuenta de usuario

Cuando se quiera crear una nueva cuenta de usuario habrá que:

a) Hacer clic sobre el enlace `Crear una cuenta` existente en la ventana de gestión de usuarios.

b) Escribir un nombre que identifique la cuenta y hacer clic sobre el botón **Siguiente**.
c) Elegir el tipo de cuenta (de administración o limitada) y hacer clic sobre el botón **Crear cuenta**.

La cuenta Invitado, *que no está activa por defecto, permite acceder al sistema a cualquier persona que no tenga una cuenta de usuario propia.*

2. Cierre la ventana de usuarios mediante su botón **Cerrar** (☒).

Cómo actualizar archivos de sistema

Windows incorpora un Asistente que permite actualizar los archivos más importantes de su sistema para mejorar su rendimiento. Con él podrá disponer tanto de los nuevos archivos de sistema que Microsoft lance al mercado para mejorar el rendimiento de Windows XP como de los nuevos controladores ofrecidos por los distintos fabricantes de hardware.

Puesto que esta actualización se realiza en línea desde el sitio Web que Microsoft ha destinado para ello, es necesario disponer de conexión a Internet. En ese caso, los pasos que debe realizar son:

1. Hacer clic sobre el botón **Inicio**, para desplegar su menú, y seleccionar las opciones `Todos los programas` y `Windows Update`. El Asistente arrancará Internet Explorer y accederá, vía Internet, a la página Web de actualización de Microsoft (véase la figura 4.16). Si no estuviera conectado a Internet, aparecerá el cuadro de diálogo de conexión.
2. Como puede comprobar en la figura, el propio programa buscará archivos de sistema anticuados y le ofrecerá la posibilidad de reemplazarlos por las versiones más recientes. También podría comenzar una búsqueda manual haciendo clic sobre el enlace `Buscar actualizaciones disponibles`.
3. Cuando el programa le proponga actualizar controladores más actualizados, haga clic en **Sí** según le interese, y siga las instrucciones que el Asistente le muestre hasta completar la operación.
4. Cuando finalice el proceso, corte la conexión a Internet y cierre la ventana de Internet Explorer.

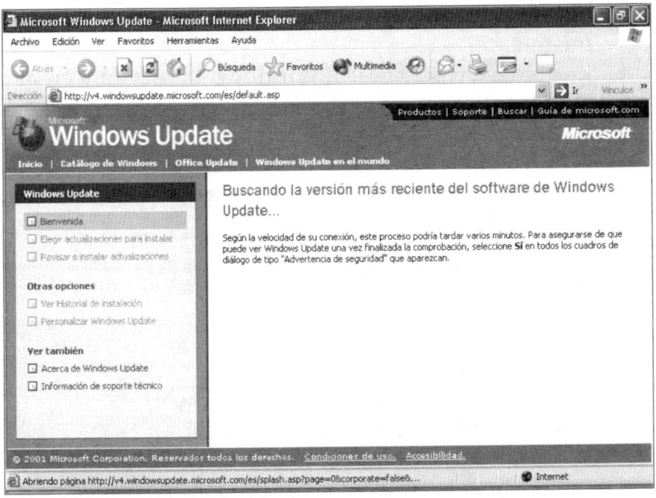

Figura 4.16. Windows Update

Cómo realizar un mantenimiento básico del sistema

Windows XP incorpora algunas herramientas que permiten conocer el estado del equipo del que se dispone y posibilitan la optimización del mismo para un mejor funcionamiento, e incluso reparar, cuando sea posible, los errores detectados. A continuación se comentan las más significativas, a las cuales se puede acceder desplegando el menú `Inicio` y seleccionando `Todos los programas` / `Accesorios` / `Herramientas del sistema`.

- `Desfragmentador de disco`. Puesto que con el uso, la información del disco tiende a fragmentarse, es decir, a situarse en sectores no contiguos con el consiguiente aumento del tiempo necesario para acceder a ella, es conveniente, cuando la fragmentación del disco es excesiva, reorganizar el disco duro para optimizar el acceso a él. Esa es la misión del *desfragmentador*.
- `Información del sistema`: Con esta herramienta se puede acceder a información sobre los distintos recursos de hardware y componentes instalados en el equipo.
- `Liberador de espacio en disco`: Esta herramienta permite identificar y eliminar ficheros innecesarios del

disco duro, con la consiguiente ganancia de espacio en el mismo.

- `Restaurar sistema`: Windows XP permite crear copias de restauración, en momentos en los que todo funciona correctamente, para que si más adelante el equipo deja de funcionar a nuestro gusto, puedan utilizarse para restaurar el equipo con alguna de esas copias óptimas.

Qué hemos aprendido

- A activar el Panel de control y activar sus vistas.
- A configurar nuevos dispositivos.
- A instalar y/o desinstalar aplicaciones.
- A modificar la fecha y hora del reloj.
- A añadir el controlador de una impresora.
- A modificar las propiedades de la impresora, el ratón y el teclado.
- A seleccionar diferentes idiomas para el teclado.
- A crear y modificar cuentas de usuario.
- A comprobar el estado del sistema y actualizar archivos del mismo.
- A conocer las herramientas de mantenimiento.

Ejercicios

1. Configure el ratón suponiendo que usted es zurdo; tenga en cuenta que, en ese caso, tendrá que pulsar el botón derecho del ratón para hacer clic.
2. Abra el panel de control con la vista por categorías, active la categoría `Opciones regionales, de idioma, y de fecha y hora` y haga clic sobre el enlace `Cambiar el formato de números, fechas y horas`; compruebe las distintas opciones regionales y modifique aquéllas que considerase oportunas.
3. Compruebe las propiedades de su impresora.
4. Configure, a su gusto, la velocidad del retardo y de la pulsación de su teclado.
5. Acceda a su cuenta de usuario, modifique la imagen que le identifica y active, si no la tuviera, una contraseña.

Lección 5

El Explorador de Windows XP

Una de las herramientas más importantes de Windows XP la constituye el Explorador. Con ella podrá, entre otras cosas, visualizar el contenido de las carpetas (directorios), copiar, mover, renombrar y borrar objetos (carpetas o ficheros), así como efectuar operaciones habituales con discos: formatear, copiar, etc.

Cómo abrir la ventana del Explorador

Para abrir el Explorador de Windows hay que seguir estos pasos:

1. Haga clic en el botón **Inicio** para abrir su menú.
2. Seleccione `Todos los programas / Accesorios / Explorador de Windows`. Aparecerá su ventana con un aspecto similar al de la figura 5.1.

Si no aparecieran las carpetas de la izquierda de la figura 5.1 hay que hacer clic en el botón ***Carpetas*** *de la barra de herramientas.*

Para abrir más rápidamente el Explorador, sitúe el puntero del ratón sobre el botón `Inicio`*, pulse su botón derecho y seleccione la opción* `Explorar` *del menú contextual que aparece. Después, elija la carpeta que quiera visualizar en el panel izquierdo.*

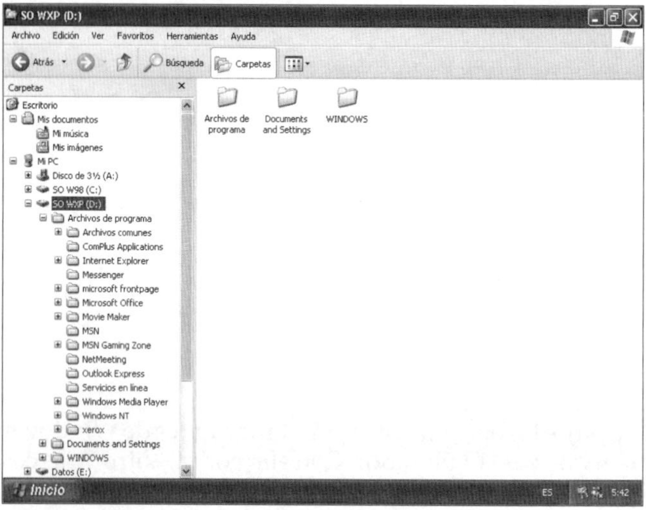

Figura 5.1. Ventana inicial del Explorador

La ventana del Explorador

Cuando en la ventana del Explorador está activa la lista de carpetas, éstas aparecen en el panel de la izquierda organizadas de forma jerárquica, junto a otros iconos que representan a elementos físicos del equipo: disquetera, disco duro, lector de CD...; en el panel de la derecha se muestra el contenido del elemento seleccionado a la izquierda, que habitualmente serán los ficheros y subcarpetas de la carpeta "activa".

En la parte superior están las barras de título, de menús y de herramientas habituales en las ventanas de los programas Windows. En la parte inferior de la pantalla se encuentra la barra de estado que muestra información variada como el número de objetos (carpetas y ficheros) existentes en la carpeta activa de la izquierda, el espacio que ocupan y el espacio que queda libre en el disco.

Si no aparece en su pantalla la barra de estado, seleccione `Ver / Barra de estado`. *Esto es extensible a cualquier otra barra susceptible de activación que se quiera mostrar en pantalla.*

Al hacer clic sobre una carpeta del panel izquierdo, ésta se abrirá y podrá ver su contenido en el panel de la derecha. No sólo eso, y como novedad de Windows XP, también podrá visualizar en la barra de estado el número de objetos que contiene así como el espacio que ocupan y el que aún queda libre en el disco.

Significado de los iconos

Los iconos del panel izquierdo representan diferentes objetos, a saber:

SO WXP (D:)	Unidades de disco.
Unidad DVD (F:)	Unidad de CD-ROM, DVD o de grabadora de CDs.
Documentos compartidos	Carpeta.
Papelera de reciclaje	Papelera de reciclaje.

En el caso de que un icono presente, a su izquierda, un signo más (+), indica que se puede *expandir*, es decir, que contiene más carpetas.

Los iconos que representan el contenido de la carpeta activa, en el panel derecho, toman diversos aspectos según se trate de una carpeta, documento, programa Windows, etc. Algunos de ellos son:

- Carpetas (véase figura 5.2). Al hacer doble clic sobre una, se activará y podrá ver su contenido.

Figura 5.2. Iconos de carpetas

- Iconos de programas ejecutables Windows. Cuando se hace doble clic sobre uno de ellos, se arranca la aplicación (véase figura 5.3).

Figura 5.3. Iconos de programas ejecutables Windows

- Iconos de aplicaciones incorporadas en Windows (véase figura 5.4).

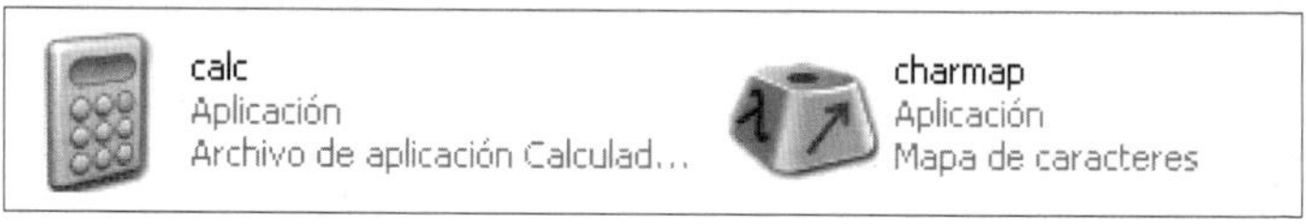

Figura 5.4. Iconos de aplicaciones de Windows XP

- Iconos de documentos. Muestran el logotipo de la aplicación Windows a la que están asociados. Al hacer doble clic sobre uno, se arranca la aplicación correspondiente y se abrirá el propio documento, pudiéndose entonces trabajar con él (véase figura 5.5). Si el documento muestra un logotipo estándar, es que no está asociado a ninguna aplicación: se trata de un fichero desconocido para el sistema operativo.

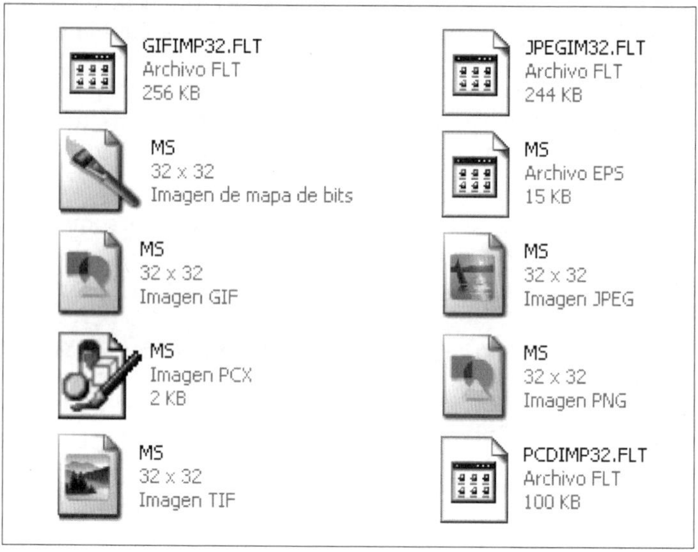

Figura 5.5. Iconos de documentos

Cómo expandir y contraer una carpeta

Como ya se ha dicho, algunas de las carpetas del panel izquierdo contienen, en niveles inferiores, otras carpetas y esto se refleja por el signo más (+) que aparece a su izquierda. Para ver las carpetas que contiene (es decir, para *expandir la carpeta*) se puede seguir el clásico procedimiento de hacer clic sobre dicho signo, el cual se sustituirá por el menos (-). En esta versión de Windows, el simple hecho de hacer clic sobre el nombre de una carpeta lleva asociado el que se muestren, en el panel de la izquierda, todas las subcarpetas de nivel inferior que contiene.

De igual forma, el procedimiento clásico de contraer una carpeta, es decir, hacer que se oculten en el panel izquierdo las carpetas que contiene, es hacer clic en el botón (-). En esta versión, el comentado clic sobre otra carpeta expandida cualquiera hace que se contraiga automáticamente la carpeta anterior.

El proceso se representa en la figura 5.6, con la carpetas `Movie Maker` y `Windows Media Player`.

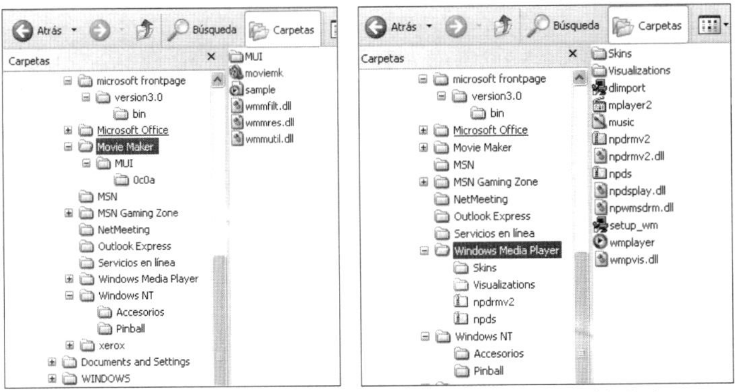

Figura 5.6. Mostrar y ocultar las carpetas de nivel inferior

Cómo visualizar las barras de herramientas

El Explorador de Windows XP dispone de diversas barras de herramientas que facilitan el trabajo con esta importante herramienta. Para que aparezcan o no en la ventana basta con seleccionar `Ver / Barra de herramientas` y elegir la que proceda. Un consejo útil es que trabaje con al menos dos barras visibles: la *estándar* y la de *direcciones*. La figura 5.7 muestra dichas barras y el significado de cada botón.

Un paso previo a la visualización de barras podría ser el desbloqueo de las mismas:

1. Abra el menú `Ver` y seleccione las opciones `Barras de herramientas / Bloquear las barras de herramientas` para desactivar éste.
2. Abra el menú `Ver` y seleccione las opciones `Barras de herramientas / Barra de direcciones`. Ésta se ubicará a la derecha de la barra de herramientas.
3. Sitúe el puntero del ratón a la izquierda del rótulo Dirección, hasta que tome el aspecto de una doble flecha, y arrastre hasta situarla debajo de la barra de herramientas (véase figura 5.7).
4. Bloquear de nuevo las barras realizando de nuevo el paso 1.

> *Si selecciona* `Ver / Barra de herramientas / Personalizar`*, podrá elegir fácilmente los botones que desea que aparezcan en la barra de herramientas estándar, así como el aspecto de los mismos.*

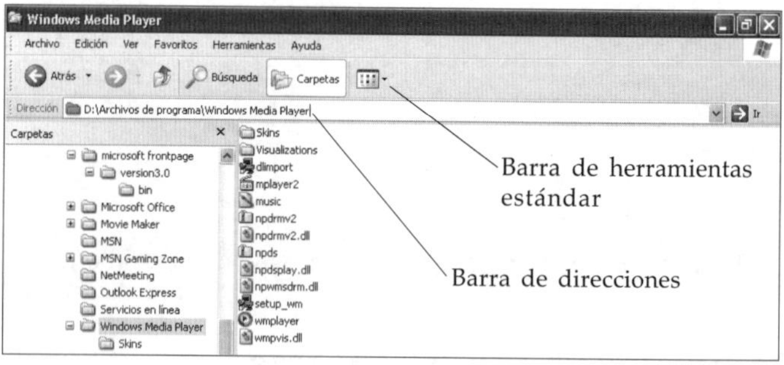

Figura 5.7. Barras de herramientas estándar y de direcciones

> *Si lo desea, puede eliminar la visualización de carpetas del panel izquierdo mediante el botón* ***Cerrar*** 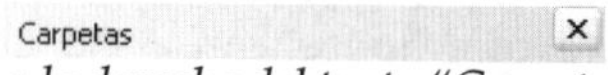 *que se presenta a la derecha del texto "Carpetas". Para que se visualicen de nuevo deberá hacer clic sobre el botón* ***Carpetas*** *de la barra de herramientas estándar. Esto último es extensible a cualquier situación en la que, por las razones que fuesen, desapareciera el panel de la izquierda.*

Cómo abrir una carpeta

Para abrir una carpeta y poder ver así su contenido, puede utilizar cualquiera de las siguientes posibilidades, ya comentadas por separado:

a) Hacer clic sobre su icono en el panel izquierdo. Recuerde que de esta forma también se mostrarían las carpetas de nivel inferior que contuviese.
b) Hacer doble clic sobre su icono visible en el panel derecho.

> *Una tercera forma de acceder a una carpeta determinada es escribiendo la ruta de acceso a la misma en la barra de direcciones y pulsando* **<Intro>**.

Si la carpeta que desea activar no está visible en el panel izquierdo, utilice las barras de desplazamiento, teniendo en cuenta que las carpetas aparecen ordenadas alfabéticamente (véanse en la figura 5.8 las subcarpetas de la carpeta Windows).

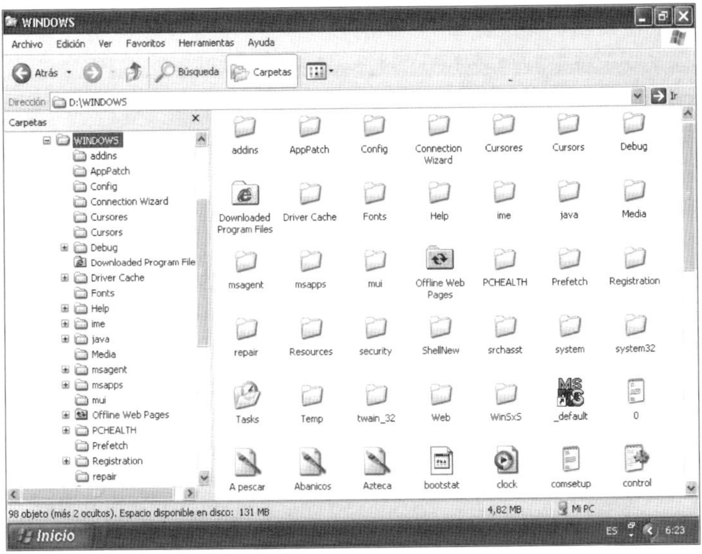

Figura 5.8. Carpetas de Windows

*Para activar una carpeta con el teclado, utilice las teclas de movimiento y las teclas <**Inicio**> (que, en el panel izquierdo, activa la carpeta* Escritorio*) y <**Fin**> (que, dependiendo de los elementos instalados puede activar la* Papelera de reciclaje*). También puede activarla pulsando las iniciales de su nombre. Por ejemplo, <W> activaría la primera carpeta cuyo nombre comenzase por dicha letra.*

Cómo activar una unidad de disco

Si desea activar otra unidad de disco, por ejemplo la que corresponde a la de los discos flexibles, etiquetada con la letra A, además de insertar previamente un disquete en dicha unidad, puede optar por hacer una de estas dos operaciones:

A.- Hacer clic sobre el icono Disco de 3½ (A:) en el panel izquierdo, pulsando previamente (si se desea) la tecla <**Inicio**> para visualizarlo rápidamente.

B.- Escribir **A:** en la barra de direcciones (véase figura 5.9) y hacer clic sobre el botón Ir (o pulsar <**Intro**>).

Figura 5.9. Utilización de la barra de direcciones para cambiar de unidad

En muchas ocasiones, después de realizar algunas operaciones que afectan a carpetas y ficheros, éstas no se reflejan en la ventana del Explorador. Es sólo porque hay que actualizarla*: basta con pulsar <**F5**> o seleccionar* Ver / Actualizar.

Se puede acceder a otra carpeta o a otra unidad de disco expandiendo la lista desplegable de la barra de direcciones (véase figura 5.10) y seleccionándola de ella.

Figura 5.10. Forma alternativa de acceder a otras unidades o carpetas

Las distintas opciones de visualización de los objetos

Windows XP permite visualizar el contenido de una carpeta mediante distintos procedimientos; cualquiera de ellos se puede seleccionar en el menú `Ver`: `Iconos`, `Mosaicos`... A continuación se comentan uno a uno.

Por ejemplo, estando activa la carpeta `Windows`, podemos aumentar el tamaño de los iconos:

1. Seleccione `Ver / Iconos`. De esta forma los objetos de la carpeta abierta, ficheros y carpetas, se muestran en forma de un pequeño icono que, tal y como se ha mencionado, permite identificar al objeto (véase por ejemplo la figura 5.1).
2. Seleccione `Ver / Mosaicos`. El aspecto será similar al anterior pero con iconos más grandes que facilitan la visión de los objetos (véase figura 5.11). También puede hacer clic sobre el botón **Vistas** y seleccionar esta opción u otra que desee y esté disponible en su menú asociado.
3. Seleccione `Ver / Detalles`, para ver la información de los objetos: nombre, tamaño, tipo, etc. como en la figura 5.12:

Figura 5.11. Contenido de la carpeta Windows Media Player en vista "Mosaicos"

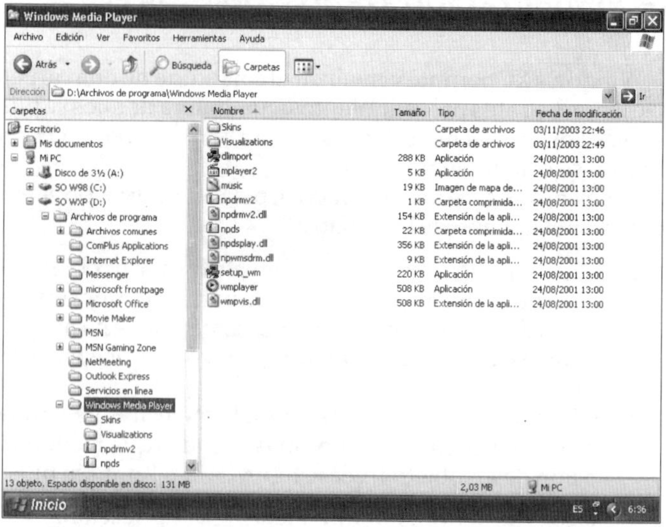

Figura 5.12. Contenido de la carpeta en vista "Detalles"

Si en la vista Detalles, o en cualquier otra, se desean ver ordenados los objetos resultantes por alguna de sus características, por ejemplo el tamaño:

4. Seleccione `Ver / Organizar iconos / Tamaño` y obtendrá un resultado similar al de la figura 5.13.

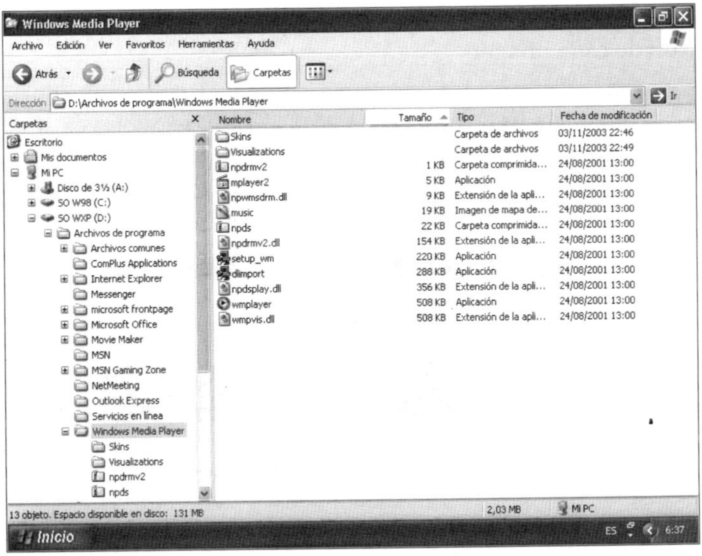

Figura 5.13. Ordenación de los objetos por su tamaño

La forma más sencilla y rápida de ordenar ficheros, bien por su nombre, bien por su tamaño, bien por su tipo..., consiste en hacer clic sobre el botón del título correspondiente Nombre, Tamaño, Tipo *... en el panel de contenidos. Al pulsar de nuevo sobre un botón, cambia la orientación (ascendente o descendente) de la ordenación.*

Si quiere ver sólo el nombre de los ficheros, su extensión y un pequeño icono representándolo, de manera que quepan más en la ventana, realice el siguiente paso:

5. Seleccione `Ver / Lista`.

También se puede cambiar de vista haciendo clic con el botón derecho dentro del panel de contenidos para visualizar el menú contextual y seleccionando la opción que se desee del menú `Ver`.

Finalmente, si la carpeta contuviera ficheros de imágenes en los formatos más habituales: JPG, GIF, BMP..., podría activarse la vista que permite ver una reproducción en miniatura de la misma: `Vistas en miniatura`, facilitando así la identificación de cada imagen.

6. Active las carpetas `Mis documentos` (o `Documentos de` ... si está en una sesión de usuario) y `Mis imágenes`, y haga doble clic en `Imágenes de muestra`.
7. Seleccione `Ver / Vistas en miniatura`. Los ficheros de imágenes de la carpeta se verán como en la figura 5.14.

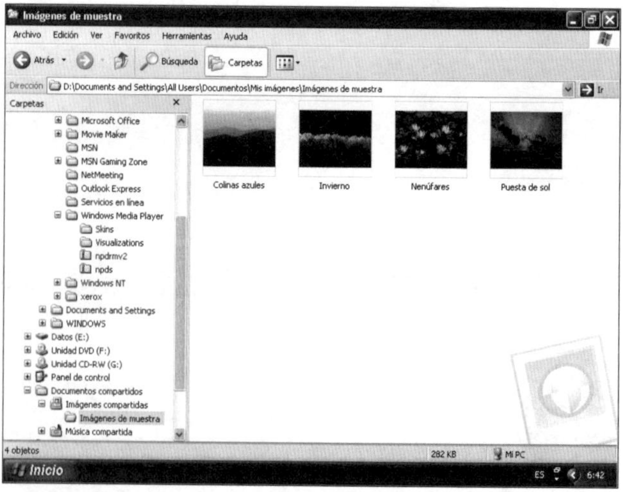

Figura 5.14. Ficheros de imágenes en *vista miniatura*

Cuando una carpeta sólo contiene imágenes, como ocurre con la que se muestra en la figura 5.14, se puede activar otra vista, denominada `Tira de imágenes`, en la que la imagen seleccionada aparece resaltada en el centro y el resto en una tira horizontal en la parte inferior.

8. Seleccione `Ver / Tira de imágenes`. Los ficheros de imágenes de la carpeta se verán como en la figura 5.15.

Cómo dar formato a un disquete

Una de las operaciones habituales con disquetes es la de *formatearlos*, es decir, prepararlos para que puedan contener información, aunque cada vez es más frecuente comprar los disquetes ya formateados. A continuación se indicará cómo formatear un disquete, operación que le recomendamos hacer aquí aunque sólo sea por seguir llevando a cabo de forma práctica el resto de apartados de esta lección, que tratan de cómo copiar, mover y borrar archivos, operaciones éstas que, al menos en los primeros pasos, es preferible no realizarlas directamente en el disco duro.

Figura 5.15. Ficheros de imágenes en *tira de imágenes*

Una vez introducido el disquete en la unidad correspondiente, siga estos pasos para formatearlo:

1. Localice en el panel de la izquierda el icono de la unidad Disco de 3½ (A:), y pulse el botón derecho sobre él para obtener su menú contextual (véase figura 5.16). Recuerde que puede utilizar la barra de desplazamiento vertical o pulsar <**Inicio**> para visualizar el icono rápidamente.
2. Seleccione `Formatear`. Aparecerá el cuadro de diálogo `Formatear` (véase figura 5.17) en el que se informa, entre otras cosas, de:

- La capacidad del disquete. Si su disquete tiene una capacidad distinta a la que muestra el cuadro de diálogo, seleccione la correcta de la lista desplegable `Capacidad`.
- Opciones de formato: por ejemplo se podría seleccionar `Rápido` si ya está formateado el disco.

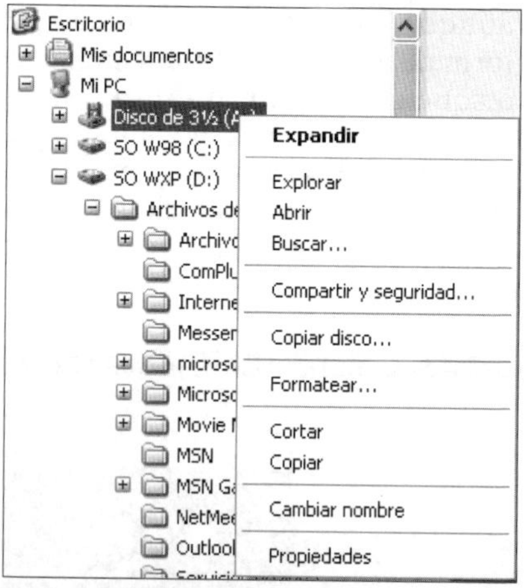

Figura 5.16. Menú contextual de la unidad A

- Una etiqueta (nombre) para el disco.
- El sistema de archivos a utilizar (FAT en general y, cuando se realice con unidades de disco que lo permitan, NTFS).

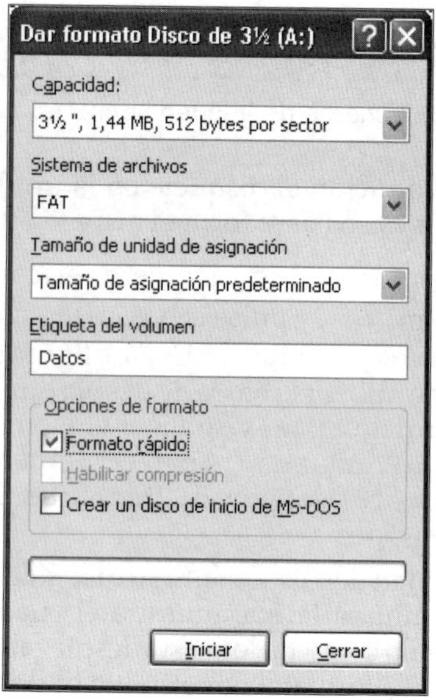

Figura 5.17. Cuadro de diálogo `Formatear`

Cuando elija las opciones deseadas:

3. Haga clic sobre el botón **Iniciar** y, en la ventana de confirmación que aparecerá, en el botón **Aceptar**.
4. Haga clic en el botón **Aceptar** en la ventana que se indica que el proceso se ha completado.
5. Aparecerá de nuevo el cuadro de diálogo `Dar formato Disco de 3 °` . Haga clic sobre el botón **Cerrar**.

> *La opción* `Copiar disco` *del menú contextual del icono de la unidad de disquetes (véase figura 5.16) permitirá realizar un duplicado exacto de cualquier disquete que desee.*

Cómo crear una carpeta

Para crear una carpeta nueva, hay que activar, en primer lugar, aquélla que la contendrá (carpeta que quedará en el nivel superior) o el icono de la unidad correspondiente. En este caso crearemos una carpeta en la unidad A:

1. Haga clic sobre el icono que representa la disquetera en el panel izquierdo, para activarla.
2. Seleccione `Archivo / Nuevo / Carpeta`. Una carpeta, con el nombre genérico `Nueva carpeta`, aparecerá en el panel de contenidos.
3. Escriba el nombre `Imágenes de ejemplo`, sobrescribiendo al preexistente y pulse <**Intro**>. El aspecto del panel de contenidos sería el de la figura 5.18.

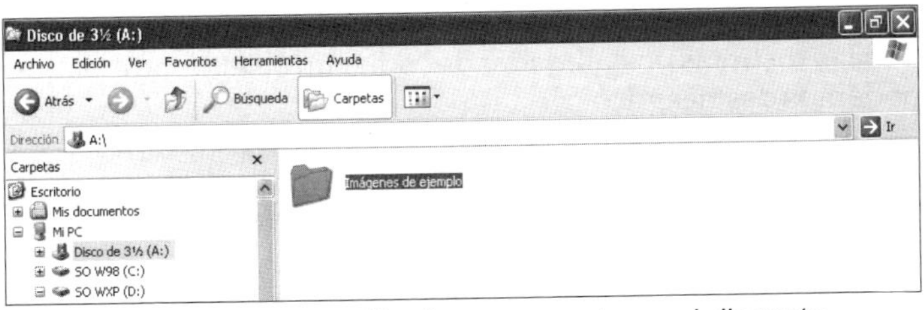

Figura 5.18. Creación de una carpeta en el disquete

A continuación, crearemos una carpeta, de nombre `20 archivos de Windows XP` en la carpeta raíz del disco C (o D como en nuestro caso). Para ello:

4. Haga clic sobre el icono que representa a la unidad del disco en el panel izquierdo y active la vista Detalles.
5. Seleccione `Archivo / Nuevo / Carpeta`.
6. Escriba el nombre, `20 archivos de Windows XP`, y pulse <**Intro**>. El icono correspondiente a la carpeta se incorporará a los paneles izquierdo y derecho (véase figura 5.19).

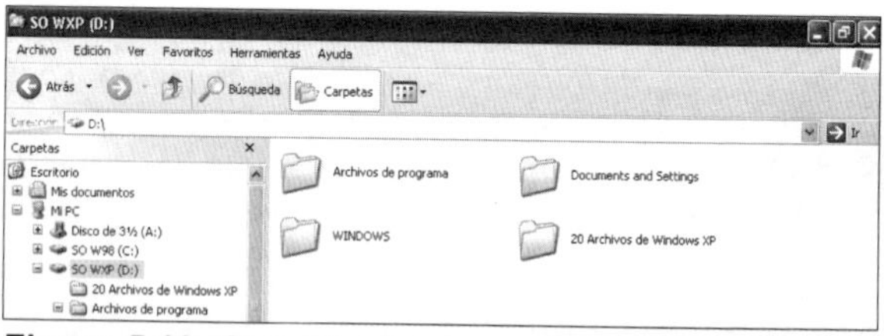

Figura 5.19. Creación de una carpeta en el disco duro

Ahora, si hace clic sobre la carpeta creada, en el panel izquierdo, aparecerá su contenido, pudiendo comprobar así que está vacía.

En caso de tener activa la carpeta `20 archivos de Windows XP`, tiene tres posibilidades para activar su *carpeta padre* (carpeta situada en el nivel superior a ella):

- Hacer clic sobre el icono correspondiente, en este caso el de la unidad C (o D).
- Hacer clic sobre el botón **Arriba** de la barra de herramientas estándar.
- Pulsar la tecla <**Retroceso**>.

Cómo copiar un objeto

Hay distintas posibilidades de copiar un objeto, entre las que podemos destacar dos:

- Utilizando la técnica de *arrastrar y soltar*.
- Utilizando la técnica de *copiar* al Portapapeles y *pegar* desde allí.

Arrastrar y soltar

La forma más sencilla (y visual) de copiar un objeto es arrastrarlo hasta el icono que representa el destino, teniendo en cuenta que:

- Si el destino es una carpeta situada en una unidad distinta a la de origen (por ejemplo se quiere copiar un archivo del disco duro –C- a un disquete –A-, o de un disco duro –C- a otro –D-) el objeto ***se copiará***.
- Si el destino es una carpeta situada en la misma unidad, hay que mantener pulsada la tecla <**Control**>, para copiarlo; en caso contrario el objeto ***se moverá***.

Por ejemplo, para copiar un fichero que contiene una imagen de muestra de Windows XP, `Colinas azules`, a un disquete situado en la unidad A, debería hacer lo siguiente:

1. En la ventana del Explorador, haga clic sucesivamente en el panel de la izquierda en las carpetas `Mis documentos` y `Mis imágenes`, y doble clic en `Imágenes de muestra` (véase figura 5.20).
2. Localice el fichero `Colinas azules` y haga clic sobre él.

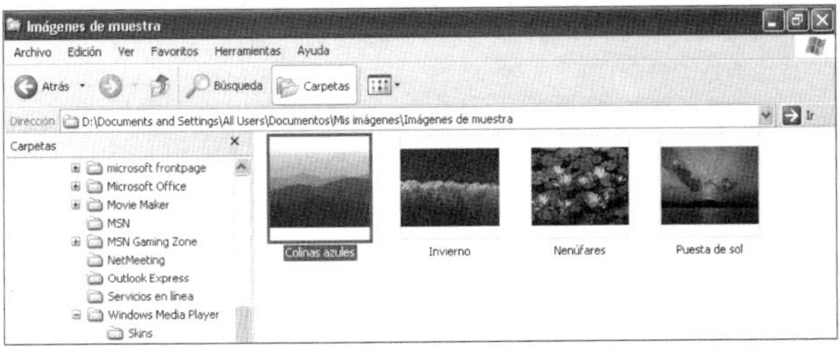

Figura 5.20. Selección del fichero a copiar

3. Arrastre su icono hasta el icono que representa la unidad A: (si éste no se visualiza, sitúe el objeto arrastrado sobre el borde superior del panel izquierdo, con lo que conseguirá ver los de la parte superior).

El resultado final será la copia del fichero en el disquete como puede comprobar si activa dicha unidad (véase figura 5.21).

> *Si se arrastra el objeto con el botón derecho del ratón al destino, aparecerá un menú con distintas opciones, del que debería seleccionar* `Copiar aquí` *(véase figura 5.22).*

> *Si a la hora de copiar un objeto, Windows XP encuentra un objeto del mismo nombre, lo avisará mediante un cuadro de diálogo en el que aparecen los datos del objeto anterior y del nuevo.*

Figura 5.21. Copia del fichero en el disquete

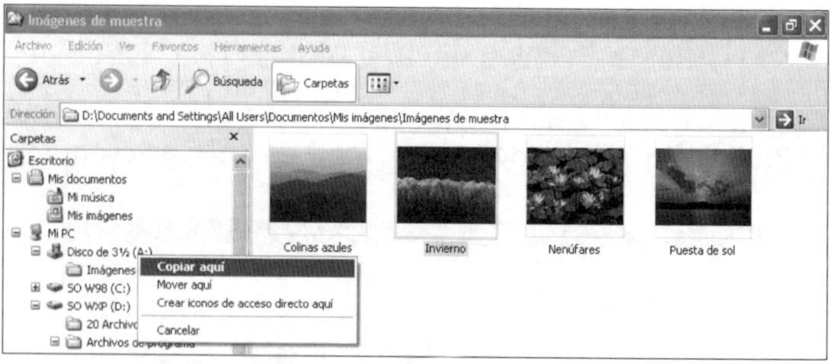

Figura 5.22. Copia del fichero arrastrando con el botón derecho

Uso del Portapapeles

Otra forma de copiar un objeto es enviarlo al Portapapeles (véase lección 8 para saber más sobre el uso de esta zona de la memoria) y, desde ahí, pegarlo en el destino deseado. Para ello:

1. Haga clic sobre el objeto a copiar, por ejemplo sobre el fichero `Invierno` de la carpeta `Imágenes de muestra` (véase figura 5.20).
2. Seleccione `Edición / Copiar`.
3. Haga clic sobre la carpeta o unidad en la que se copiará, por ejemplo, la carpeta `20 archivos de Windows XP`.
4. Seleccione `Edición / Pegar`. Aparecerá el fichero copiado como en la figura 5.23.

Si se trata de copiar el objeto en un destino habitual, por ejemplo en un disquete, una tercera posibilidad es hacer clic con el botón derecho sobre el objeto a copiar y seleccionar `Enviar a:` *y el destino que corresponda.*

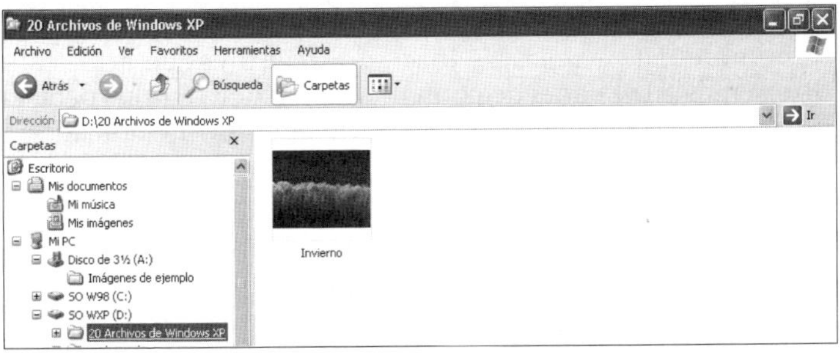

Figura 5.23. Fichero copiado mediante el Portapapeles

Cómo mover un objeto

Hay distintas posibilidades de mover un objeto, ya sea un simple archivo o toda una carpeta con todo lo que contenga, a otra carpeta o unidad.

Arrastrar y soltar

De nuevo la forma más sencilla es arrastrarlo hasta la carpeta o unidad de destino, teniendo en cuenta que:

- Si el destino es la misma unidad que la de origen, el objeto, efectivamente, *se moverá*.
- Si el destino es otra unidad, hay que mantener pulsada la tecla <**Mayús**> para que se mueva; en caso contrario el objeto *se copiará*.

Por ejemplo, para mover el fichero `Invierno` de la carpeta `20 archivos de Windows XP` al disquete situado en A:

1. Active la carpeta `20 archivos de Windows XP` para visualizar su contenido.
2. Pulse <**Mayús**> y, sin soltarla, arrastre el fichero `Invierno` al icono de la unidad A. El fichero desaparecerá de la carpeta en la que se encontraba.
3. Active la unidad A para comprobar que el fichero se encuentra ahora allí (véase figura 5.24).

Uso del Portapapeles

Otra forma de mover un objeto es enviarlo al Portapapeles y, desde allí, pegarlo en el destino deseado. Vamos a mover el fichero `Invierno` de la carpeta raíz de la unidad A, a la carpeta de nombre `Imágenes de ejemplo`. Lo cierto es que, arrastrando sin más en el panel de contenidos el fichero a la carpeta, el fichero se movería. Pero, para hacerlo de la forma indicada:

1. Haga clic sobre el icono del fichero.
2. Seleccione `Edición / Cortar`. También puede cortar el objeto seleccionado haciendo clic con el botón derecho sobre el objeto y seleccionando `Cortar`.
3. Haga doble clic sobre la carpeta destino, en el panel de contenidos, `Imágenes de ejemplo`.
4. Seleccione `Edición / Pegar`.

Figura 5.24. Comprobación del cambio de ubicación del fichero

Cómo cambiar el nombre de un fichero o carpeta

Windows XP permite nombrar los ficheros o carpetas hasta 255 caracteres, incluidos espacios en blanco (se exceptúan los caracteres siguientes: \ / : * ? " < >). Ello permite dejar más claro qué es lo que contiene. Por ejemplo, en lugar de `EJ1HOJ` podríamos llamar al fichero `Ejemplo primero de hoja de cálculo`. Para cambiar el nombre de un objeto, puede hacer lo siguiente:

1. Haga clic sobre el objeto.
2. Seleccione `Archivo / Cambiar nombre`.
3. Escriba el nuevo nombre y pulsar <**Intro**>.

> *Si un objeto está resaltado (seleccionado), se puede cambiar su nombre haciendo clic sobre él o pulsando <***F2***> y escribiendo el nuevo (o modificando el anterior).*

Otro modo de cambiar el nombre de un objeto, por ejemplo el del fichero `Invierno` situado en la unidad A es el siguiente:

1. Haga clic con el botón derecho sobre el fichero.
2. Seleccione `Cambiar nombre`.
3. Escriba el nuevo nombre `Paisaje` (véase figura 5.25).
4. Pulse <**Intro**>.

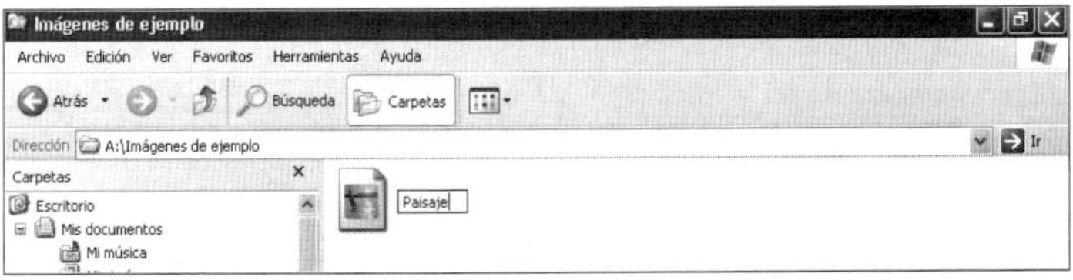

Figura 5.25. Cambiando el nombre de un fichero

> *Una vez efectuada alguna operación con objetos, se puede deshacer seleccionando* `Edición / Deshacer`.

Cómo borrar un fichero o carpeta

Un objeto se borra eligiendo alguno de los tres métodos siguientes:

A) Hacer clic sobre el objeto y pulsar <**Supr**>.
B) Hacer clic sobre el objeto y seleccionar `Archivo / Eliminar`.
C) Hacer clic con el botón derecho sobre el objeto y seleccionar `Eliminar`.

En todos los casos hay que confirmar la eliminación haciendo clic sobre el botón **Sí**.

Por ejemplo, para borrar, del disquete situado en A, el fichero `Paisaje`, que copiamos anteriormente en la carpeta `Imágenes de ejemplo`:

1. Haga clic sobre él.
2. Pulse <**Supr**> y confirme.

Para borrar la carpeta `20 archivos de Windows XP` del disco duro:

3. Haga clic sobre la carpeta (en el panel izquierdo).
4. Seleccione `Archivo / Eliminar` y confirme.

Cuando se borra un fichero del disco duro (ojo: ¡no de un disquete!), no se borra realmente del disco. Pasa a formar parte, si no se ha especificado otra cosa, de la Papelera de reciclaje *desde la cual se podrá recuperar en cuanto se desee. Como la gestión de objetos puede hacer que ésta se llene, es conveniente desocuparla de la forma que se explicará en la lección 6. Para comprobar el estado de la Papelera de reciclaje, haga clic sobre su icono que estará en la parte inferior del panel izquierdo.*

Cómo seleccionar un grupo de objetos contiguos

Las operaciones de copiar, mover y borrar pueden realizarse con un grupo de objetos previamente seleccionados. Por ejemplo, para seleccionar un grupo de ficheros contiguos de la subcarpeta `Media` de la carpeta `Windows`:

1. Haga clic en la carpeta `Windows`, para expandirla, y en la subcarpeta `Media`.
2. Haga clic sobre el primer archivo, pulse <**Mayús**> y, sin soltar, haga clic sobre el último que se desee seleccionar (véase figura 5.26).

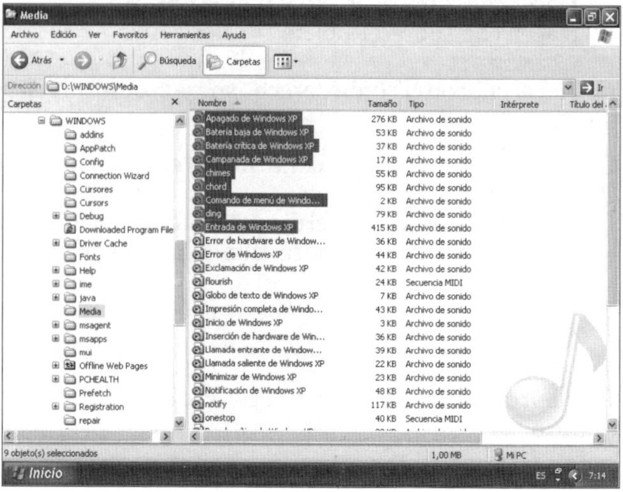

Figura 5.26. Ficheros contiguos seleccionados

Hecho esto, pueden copiarse, moverse o borrarse como en los casos anteriores. Una salvedad: para arrastrarlos a otro lugar, el puntero del ratón debe estar situado dentro de la selección.

Durante el proceso de copia o desplazamiento, Windows muestra una representación gráfica de la operación.

> *Cuando se tiene una grabadora de CDs instalada en el equipo, pueden seleccionarse en el Explorador ficheros y carpetas, y hacer clic con el botón derecho del ratón para abrir el menú contextual y seleccionar* `Enviar a / Grabadora de CDs`.

Cómo seleccionar un grupo de objetos no contiguos

Para seleccionar un grupo de objetos no contiguos, debe seguir estos pasos:

1. Haga clic en uno de los archivos a seleccionar.
2. Pulse la tecla <**Control**> y, sin soltarla, haga clic sobre el resto de archivos a copiar, como en la figura 5.27.

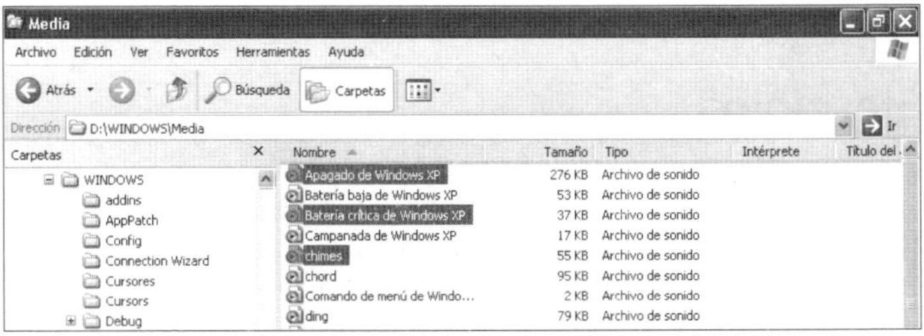

Figura 5.27. Ficheros no contiguos seleccionados

> *Pueden seleccionarse todos los objetos de la carpeta activa mediante la opción* `Edición / Seleccionar todo` *o pulsando <**Control-E**>. Por otro lado, para eliminar una selección basta con pulsar una tecla de movimiento o hacer clic sobre cualquier otro punto.*

Cómo cerrar el Explorador

Para cerrar el Explorador, de forma similar a lo que ocurre con otras ventanas de aplicación, puede elegir entre:

- Hacer clic sobre el botón de su ventana.
- Seleccionar `Archivo / Cerrar`.
- Pulsar el botón derecho sobre su barra de título y seleccionar `Cerrar`.
- Hacer doble clic sobre el botón **Menú de control** de su ventana.
- Pulsar <**Alt-F4**>.

Qué hemos aprendido

- A abrir y cerrar el Explorador.
- A visualizar los objetos del Explorador de distintas formas.
- A organizar los objetos.
- A abrir carpetas y unidades de disco.
- A dar formato a disquetes.
- A crear carpetas.
- A copiar, mover, borrar y renombrar objetos.
- A seleccionar grupos de objetos: contiguos y no contiguos.

Ejercicios

1. Abra el Explorador y visualice el contenido de la carpeta `Media` incluida en la carpeta `Windows`.
2. Visualice en dicha carpeta los objetos ordenados por tamaño y con todos sus detalles.
3. Dé formato a un disquete situado en la unidad A.
4. Cree una carpeta en el disquete formateado de nombre `Música`. Copie en ella, algunos ficheros de la carpeta `Media`. Visualice el nuevo contenido del disquete.
5. Mueva los ficheros anteriores a la carpeta raíz del disquete. Posteriormente, borre la carpeta creada.

Lección 6

Otras tareas a llevar a cabo con el Explorador

En la lección anterior se mostró cómo utilizar el Explorador para realizar las operaciones básicas con carpetas y ficheros. En ésta se darán otras posibilidades complementarias: personalizar la visualización de los objetos, ejecutar ficheros, encontrar un objeto determinado; comprobar las propiedades de un objeto, obtener la vista previa de ciertos ficheros; comprender la asociación de ficheros a las aplicaciones y crear accesos directos a aplicaciones o documentos.

Cómo visualizar las extensiones de los ficheros

Windows XP viene configurado, por defecto, para mostrar los iconos de los ficheros junto a su nombre, sin que aparezcan los caracteres que constituyen "la extensión" y que permite identificar fácilmente el tipo de fichero de que se trata (por ejemplo, un fichero de extensión TXT -`prueba.txt`- será probablemente un fichero de texto que se puede abrir con el accesorio Bloc de notas).

Lo cierto es que el icono con el que se muestra, como ya se ha comentado anteriormente, permite identificarlo y seguro que cuando se haya familiarizado con el programa, reconocerá, al menos, los más usuales. Además, en la vista `Detalles`, sin ir más lejos, en una columna se informa del tipo de fichero.

Sin embargo, en estos primeros pasos, y en particular para realizar las operaciones de esta lección, conviene también visualizar la extensión de los ficheros. El procedimiento a seguir es similar al que debe seguir para cambiar otras opciones de visualización de los objetos en el Explorador. Por tanto, **una vez abierto el Explorador**, realice los siguientes pasos para visualizar las extensiones de los ficheros:

1. Seleccione `Herramientas / Opciones de carpeta`. Como puede comprobar si la ficha activa es `General`, desde aquí también se puede optar por personalizar el programa de la forma en que se desee.

Por ejemplo, la elección de la opción `Utilizar las carpetas clásicas de Windows` en el área `Tareas`, devolvería al Explorador el aspecto tradicional de Windows (véase figura 6.1).

2. Active la ficha `Ver` y haga clic sobre la casilla de la opción `Ocultar las extensiones de archivo para tipos de archivo conocido`, para desactivarla.
3. Haga clic sobre el botón **Aceptar**.

La figura 6.1 muestra el contenido de una carpeta en el que se ven las extensiones de los ficheros, en la vista clásica de Windows. En lo que sigue de la lección mantendremos la visión de estas extensiones; pudiendo el usuario seguir trabajando con la vista clásica o con la nueva vista de Windows XP, para lo cual debe activar la opción `Mostrar tareas comunes en las carpetas` de la ficha `General` del cuadro de diálogo `Opciones de carpeta`.

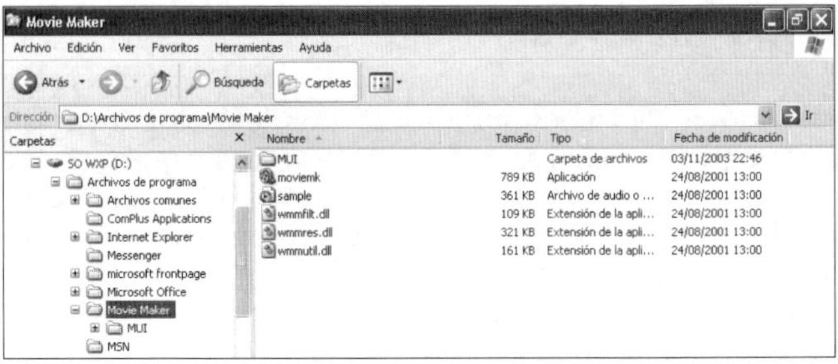

Figura 6.1. Aspecto clásico del Explorador, mostrándose las extensiones de los ficheros

Cómo ejecutar una aplicación

Es posible arrancar programas (aplicaciones), desde el Explorador, utilizando para ello el correspondiente fichero ejecutable, es decir, un fichero cuya extensión sea generalmente EXE.

Lo importante, claro está, es conocer el nombre de dicho fichero. Por ejemplo, para arrancar la calculadora, cuyo fichero de arranque es `Calc.exe`, desde la ventana del Explorador:

1. Haga clic sobre la carpeta `Windows` para activarla y clic de nuevo en su subcarpeta `System32`. Es en esta carpeta donde se encuentra el archivo a ejecutar. (Si saliera un mensaje de advertencia hay que hacer clic en la opción `Mostrar contenido`.)
2. Utilice las barras de desplazamiento para visualizar el icono del fichero ejecutable correspondiente al accesorio Calculadora, `Calc.exe` (véase figura 6.2), y haga doble clic sobre él.

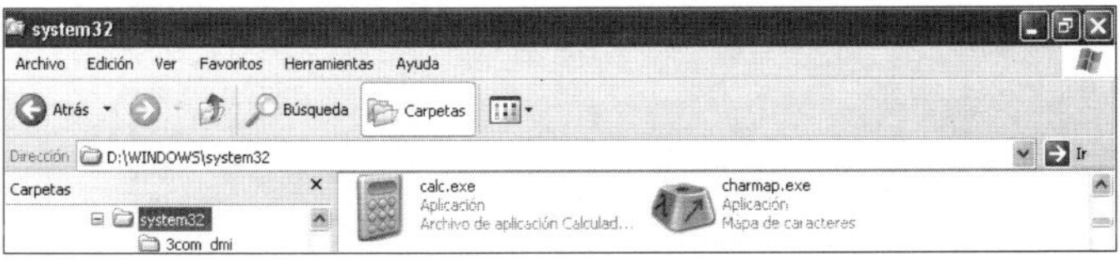

Figura 6.2. Fichero ejecutable de la calculadora

3. Después, cierre la aplicación haciendo clic sobre su botón **Cerrar**.

> *Existe una alternativa, preferible para algunos, de arrancar una aplicación mediante su fichero ejecutable: abrir el menú* `Inicio`*, seleccionar la opción* `Ejecutar`*, escribir el nombre del fichero, por ejemplo* `sol.exe` *que corresponde al juego del Solitario (si no se sabe el nombre se puede hacer clic en el botón* ***Examinar*** *para buscarlo en el disco) y confirmar mediante el botón* ***Aceptar****.*

Qué significa que un fichero esté asociado a una aplicación

Ya se ha comentado que sólo con echar un vistazo a los iconos de ciertos ficheros, se puede tener una idea del tipo de que se trata. En el caso de documentos, los iconos suelen ser lo suficientemente ilustrativos para que el usuario identifique la aplicación con la que fueron creados. Si lo desea, puede acceder desde la ventana del Explorador a un cuadro de diálogo con toda la información sobre tipos de archivo reconocidos y aplicación con la que se abrirán por defecto:

1. Seleccione `Herramientas / Opciones de carpeta`.
2. Active la ficha `Tipos de archivo`. Si recorre sus distintos elementos, podrá observar, por ejemplo, que los ficheros de sonido de extensión WAV, se abrirán con la aplicación *Windows Media Player*, que se describirá en la lección 9 (véase figura 6.3).

Figura 6.3. Tipos de archivo y aplicaciones con las que se abren

3. Haga clic sobre el botón **Cancelar**.

El efecto de esta asociación, es decir, lo que significa que los ficheros WAV estén asociados a la aplicación *Windows Media Player*, es que si hace doble clic sobre el nombre del fichero, se abrirá automáticamente dicha aplicación apareciendo el propio fichero para poder trabajar con él. Por ejemplo:

4. Haga clic en la carpeta `Windows` y en su subcarpeta `Media`, donde se encuentran algunos ficheros WAV.
5. Haga doble clic sobre alguno de los encontrados; se abrirá la ventana del reproductor multimedia y escuchará el sonido en cuestión (véase figura 6.4).

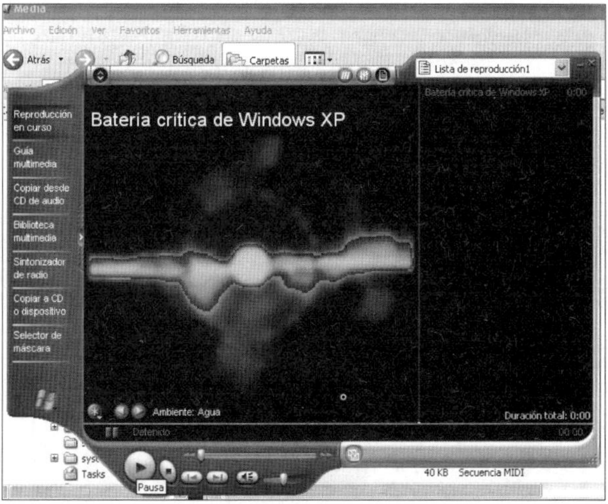

Figura 6.4. Comprobación de la asociación de ficheros a aplicaciones

6. Haga clic sobre el botón **Cerrar** de la ventana de *Windows Media Player*.

De forma análoga se puede consultar la ventana de tipos de ficheros (pasos 1 y 2) para comprobar que los ficheros de imágenes BMP están asociados a la aplicación *Visor de imágenes y fax de Windows* (véase lección 7) como se observa en la figura 6.5. Ello significa que al hacer doble clic en alguna imagen BMP (hay varias en la carpeta `Windows`), se mostrará la imagen en el visor mencionado (véase figura 6.6). (Si lo hace, cierre después su ventana.)

Si se deseara abrir el fichero con el programa Paint, habría que hacer clic con el botón derecho sobre el fichero BMP para que apareciera su menú contextual y seleccionar sucesivamente `Abrir con / Paint`. Obsérvese que en el menú contextual del fichero aparece una primera opción, `Vista previa`, que muestra el objeto con el programa predeterminado: el ya mencionado *Visor de imágenes*.

> *Cuando desde el Explorador se ejecute un fichero no asociado a ninguna aplicación (imagínese para simplificar un fichero de extensión PQR), haciendo doble clic sobre él, Windows XP abrirá un cuadro de diálogo para que se opte por usar*

Internet para localizar el archivo adecuado o por elegirlo de la lista de aplicaciones que se ofrece (véase figura 6.7).

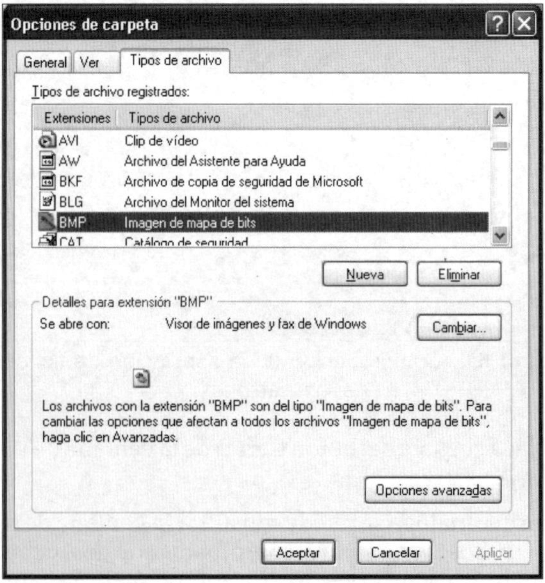

Figura 6.5. Aplicación con la que se abren los ficheros BMP

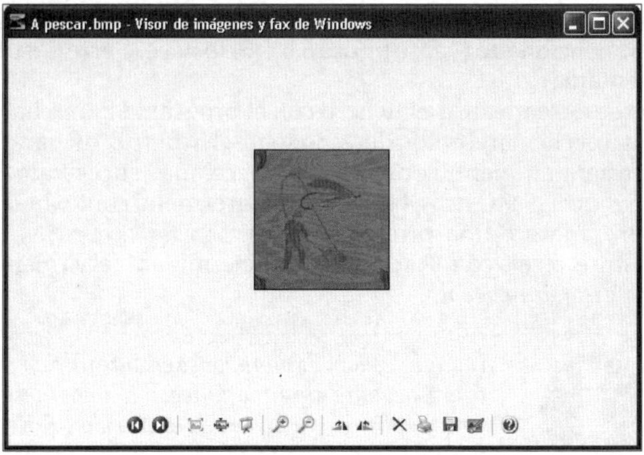

Figura 6.6. Resultado de hacer doble clic en el fichero A pescar.BMP

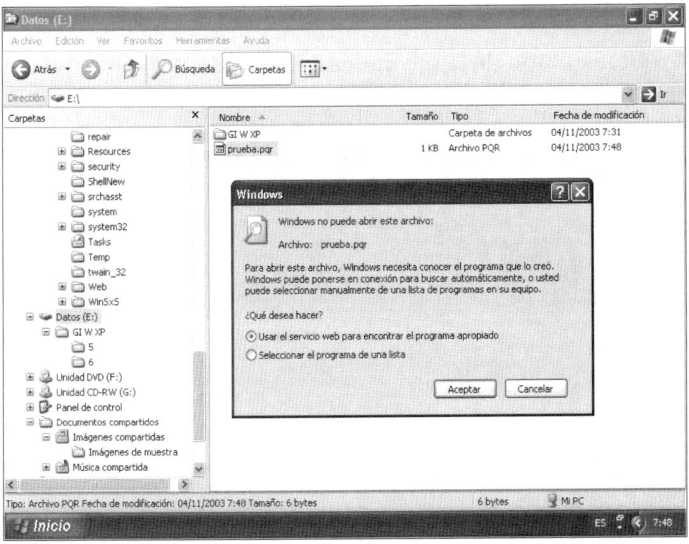

Figura 6.7. Reacción de Windows XP a la ejecución de un fichero "desconocido"

Cómo encontrar un fichero determinado

Es posible encontrar un fichero determinado, en alguna de las unidades del ordenador, de modo rápido. Esto es algo que, a medida que se introduzca más y más información en el disco duro, tendrá que hacerse con cierta periodicidad. Por ejemplo, para buscar el fichero `Notepad.exe` que arranca el accesorio Bloc de notas, desde la ventana del Explorador, quizás el método preferible sea éste:

1. Haga clic con el botón derecho sobre el icono de la unidad correspondiente, C:, o como en nuestro caso, la unidad D, para obtener su menú contextual.
2. Seleccione la opción `Buscar`. Aparecerá una barra del explorador a la izquierda, que contiene un asistente para iniciar la búsqueda (véase figura 6.8).
3. Escriba el nombre del fichero a buscar, `notepad.exe`, como en la figura 6.8 y asegúrese que en el campo `Buscar en:` aparece la carpeta raíz: -C: o D:- (así será si siguió las instrucciones dadas en el paso 1).

4. Haga clic sobre el botón **Búsqueda**.

El resultado de la búsqueda se muestra en el área derecha (véase figura 6.8).

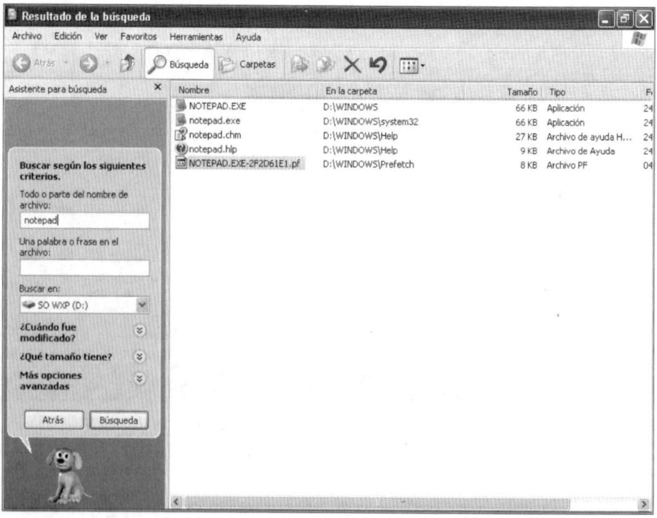

Figura 6.8. Resultado de una búsqueda

Al cuadro de diálogo de búsqueda se hubiera llegado por procedimientos alternativos:

*- Haciendo clic en el botón **Búsqueda** de la barra de herramientas y, en el menú de opciones que surge a la izquierda (véase figura 6.9), seleccionando la opción* `Todos los archivos y carpetas` *(ese menú contiene otras opciones de búsquedas más específicas como imágenes, archivos de música...)*

*- Pulsando <**F3**>.*

- Abriendo el menú `Inicio` *y seleccionando* `Buscar`.

- Abriendo el menú `Ver` *y seleccionando* `Barra del explorador / Búsqueda`.

A la hora de buscar ficheros hay que tener en cuenta que, para que la operación se realice de forma eficaz, se pueden utilizar los comodines * y ?. Por ejemplo, ***.EXE** permite buscar todos los ficheros de extensión EXE (véase figura 6.10); **f*.***, los ficheros que empiezan con la letra f y ***LA*.***, los que contienen la palabra LA incluida en su nombre.

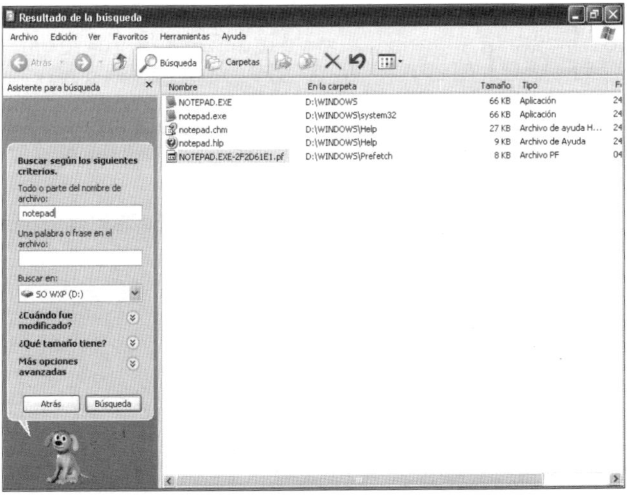

Figura 6.9. Opciones de búsqueda

5. Haga clic en el botón **Cerrar** de la ventana de búsquedas.

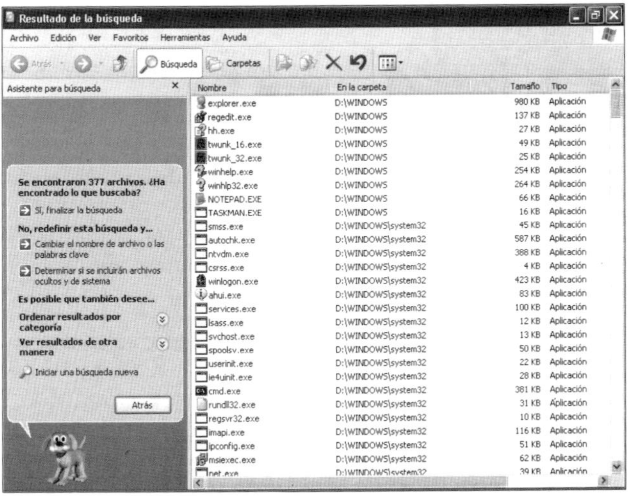

Figura 6.10. Búsqueda con comodines

Una búsqueda alternativa y también eficiente se lleva a cabo cuando en lugar de introducir datos del nombre del fichero (porque no se sabe nada de ellos), se opta por introducir datos del contenido. Por ejemplo, para localizar ficheros de texto (*.txt) que contengan la palabra "multimedia":

6. Haga clic sobre el botón **Búsqueda** 

de la barra de herramientas y elija la opción `Todos los archivos o carpetas`.
7. Introduzca las condiciones de la búsqueda como en la figura 6.11.

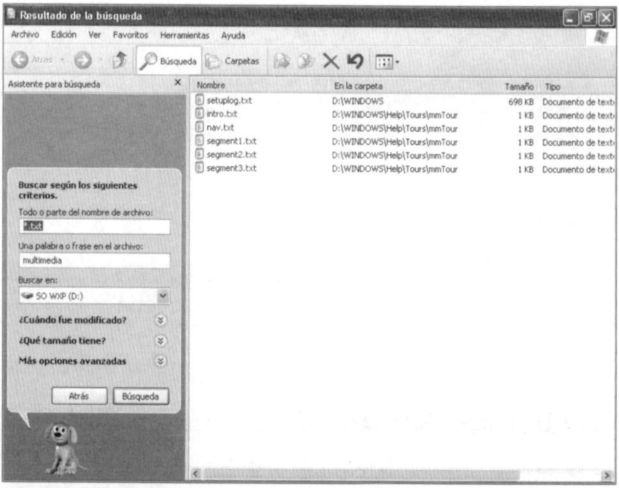

Figura 6.11. Búsqueda de ficheros a partir de su contenido

8. Haga clic en el botón **Búsqueda**. Los documentos encontrados aparecerán a la derecha. Haciendo clic en alguno de ellos se abrirá el Bloc de notas mostrando su contenido y no debería ser difícil localizar en él la palabra "multimedia" objeto de la búsqueda.

Un último tipo de búsqueda, muy interesante en ocasiones, es el que hay que efectuar para localizar un fichero del que no se recuerda gran cosa y sí el día en que se creó o modificó. Este se lleva a cabo haciendo clic en el botón **¿Cuándo fue modificado?** existente en el panel izquierdo de la ventana de búsqueda, y especificando la fecha o espacio de tiempo que se recuerde.

Cómo se accede a las propiedades de un objeto

Cada uno de los objetos de Windows XP tiene asociado un conjunto de propiedades que pueden consultarse desde el Explorador. Como ejemplo, se indicará cómo acceder a las propiedades de un fichero cualquiera del disco duro:

1. Haga clic en el fichero del que se desean conocer sus *propiedades* (ubicación, tamaño, fecha y hora de la última modificación...), por ejemplo alguno de la carpeta `Media` de `Windows`.
2. Seleccione `Archivo / Propiedades` y active, si no lo estuviera ya, la ficha `General`. En esta ficha se pueden observar dichas propiedades (véase figura 6.12).

Figura 6.12. Propiedades de un archivo

> *También se puede acceder a las propiedades de un objeto haciendo clic con el botón derecho sobre él y seleccionando* `Propiedades`.

Si la operación se realiza sobre una carpeta, se podrán averiguar los ficheros y subcarpetas que contiene, así como el espacio que ocupa en el disco.

3. Haga clic con el botón derecho en la carpeta `Windows` y seleccione `Propiedades`.

El resultado será similar al de la figura 6.13.

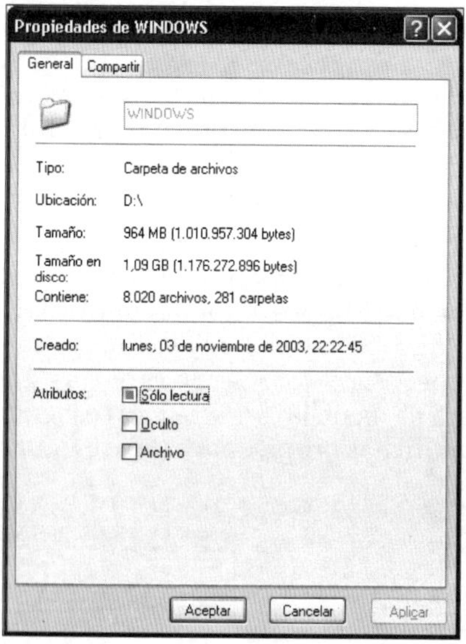

Figura 6.13. Propiedades de una carpeta

Un último ejemplo, si el objeto es por ejemplo el disco duro C, sus propiedades indicarán el espacio disponible y el ocupado, entre otros datos.

4. Haga clic con el botón derecho en el icono correspondiente a la unidad C y seleccione `Propiedades`. El resultado será similar al de la figura 6.14.
5. Haga clic sobre el botón **Cancelar** para salir del cuadro de diálogo.

> *Si un objeto está resaltado, puede pulsar* <**Alt-Intro**> *para ver sus* propiedades.

Cómo crear accesos directos en el escritorio

Cuando trabajamos frecuentemente con una aplicación (o con un documento), quizás interese tener su icono representativo en el escritorio. Este icono permitirá acceder a ella (o a él) haciendo doble clic sobre el mismo. Es lo que se denomina un *acceso directo*. La creación de estos iconos de acceso directo puede realizarse fácilmente desde el Explorador. Veamos cómo crear un acceso directo para el accesorio Calculadora:

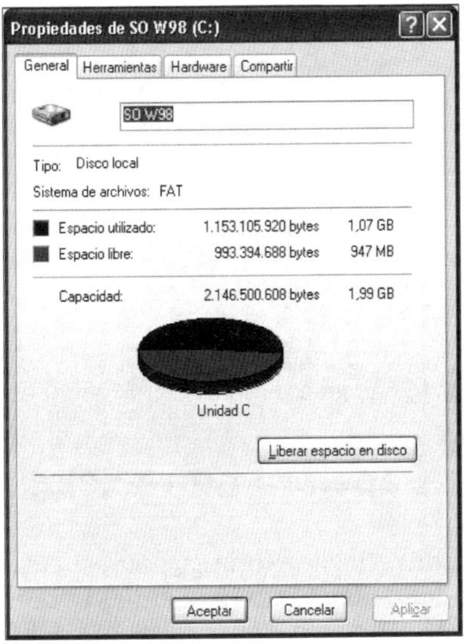

Figura 6.14. Propiedades del disco duro

1. Active la carpeta `Windows` y, dentro de ella, la subcarpeta `System32`, carpeta que contiene el fichero ejecutable de la aplicación.
2. Haga clic con el botón derecho sobre el fichero de arranque de la aplicación, `Calc.exe`, para obtener su menú contextual y seleccione `Enviar a / Escritorio (crear acceso directo)`.

Si hace clic en el botón **Mostrar escritorio** de la barra `Inicio rápido` o simplemente minimiza todas las ventanas, podrá ver el icono creado en el Escritorio (véase figura 6.15). Haciendo doble clic sobre él se abriría la calculadora.

Del mismo modo que se ha hecho con un fichero ejecutable, puede hacerse con cualquier fichero de documento.

Los accesos directos se reconocen por la pequeña flecha doblada que aparece en la esquina inferior izquierda del icono. Si abre el cuadro de diálogo de sus propiedades, *sabrá a qué aplicación están llamando y dónde se encuentra.*

Un acceso directo se borra de la misma forma que otros objetos, por ejemplo, haciendo clic con el botón derecho sobre el icono y seleccionando ***Eliminar****. Hay que tener en cuenta que, aunque se borre el acceso, no se borrará el fichero que se ejecuta ya que sólo se trata de una referencia al mismo.*

Figura 6.15. Acceso directo creado en el escritorio

Qué es la Papelera de reciclaje

La Papelera de reciclaje es una carpeta especial de Windows XP en la que se depositan todos los elementos borrados. De esta forma, los ficheros no se borran realmente del disco, sólo los iconos que los representan dejan de estar en la carpeta original. Esto proporciona un buen sistema de seguridad contra el borrado accidental de datos ya que, hasta que no se eliminen de la Papelera, podrán recuperarse.

Como es lógico, al no borrarse, siguen ocupando espacio en el disco por lo que, llegará un momento en el que tenga que vaciar la papelera.

Para visualizar el contenido de la Papelera de reciclaje en el Explorador:

1. Haga clic sobre el icono de la papelera en la parte inferior del panel izquierdo del Explorador (véase figura 6.16).

En el escritorio se encuentra el icono de acceso directo a la Papelera de reciclaje que permite, al hacer doble clic en él, mostrar el contenido de la papelera en una ventana similar a la de la figura 6.16. Como se observa en dicha figura, la nueva interfaz de Windows XP permite realizar las operaciones típicas de restaurar datos y vaciar papelera de forma inmediata.

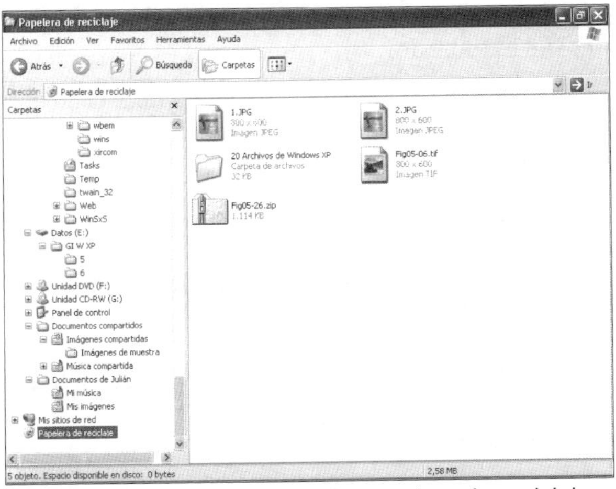

Figura 6.16. Contenido de la papelera de reciclaje

Cómo recuperar un objeto de la Papelera de reciclaje

Puede recuperarse cualquier objeto de la papelera de diversas formas (por ejemplo desde la opción que aparece en la figura 6.17), aquí lo haremos así:

1. Haga clic sobre el fichero, en el panel de contenidos de la Papelera de reciclaje.
2. Seleccione `Archivo / Restaurar`.

De forma alternativa se puede hacer clic con el botón derecho en el objeto y seleccionar la opción `Restaurar`.

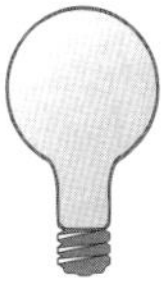

Cuando se quieren restaurar varios ficheros simultáneamente, basta con seleccionarlos previamente con las técnicas habituales, antes de realizar uno de los métodos antes descritos.

Cómo vaciar la Papelera de reciclaje

Cuando el tamaño asignado inicialmente a la Papelera de reciclaje esté al límite, Windows mostrará un mensaje indicándolo. Pero, además, puede vaciar la Papelera, en cualquier momento, liberando así espacio en el disco. Para ello, en la ventana del Explorador:

1. Haga clic en el icono de la Papelera de reciclaje.
2. Seleccione `Archivo / Papelera de reciclaje / Vaciar Papelera de reciclaje`.
3. Haga clic sobre el botón **Sí** en el cuadro de confirmación que aparece. La ventana de la Papelera de reciclaje aparecerá vacía.
4. Cierre la ventana de la papelera. Cierre también el resto de las ventanas abiertas.

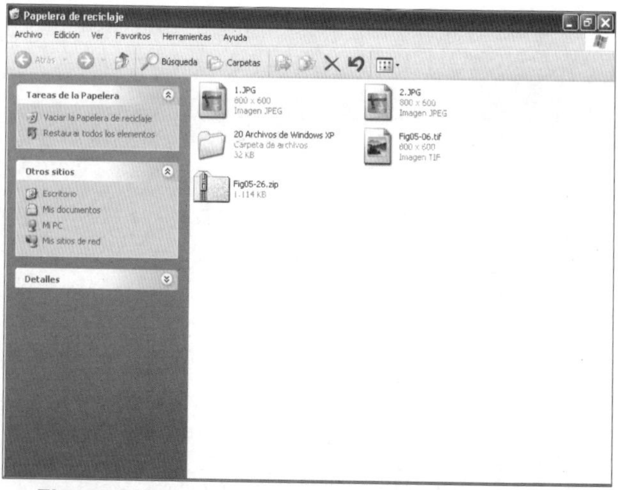

Figura 6.17. Contenido de la papelera de reciclaje

Qué es Mi PC

La herramienta Mi PC permite conocer, en un esquema claro, la composición del equipo que se está utilizando, además de constituir una alternativa al Explorador para visualizar y operar con carpetas y ficheros.

Para ver el contenido de Mi PC:

1. Haga clic en el botón **Inicio**, y seleccione la opción `Mi PC`. La ventana que surge muestra los iconos de las unidades del equipo (véase figura 6.18).

Se puede ir haciendo doble clic sobre alguna carpeta o icono de unidad para ver su contenido (véase figura 6.19).

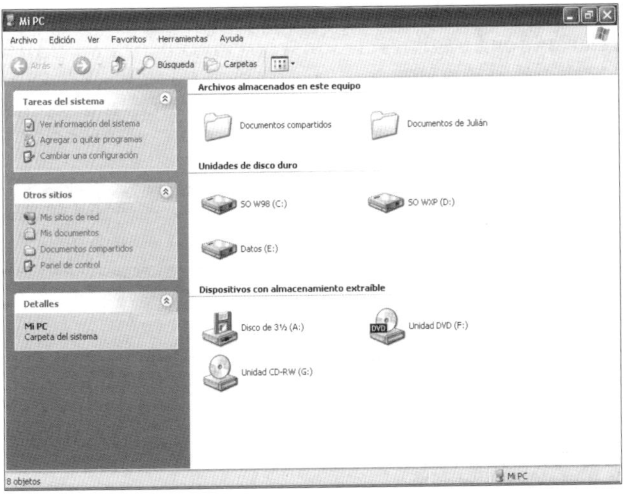

Figura 6.18. Contenido de Mi PC

En principio, Windows XP muestra el contenido en la misma ventana (ocultándose el contenido anterior), pero podría configurarse para que apareciera en una ventana nueva (generándose así nuevas ventanas a medida que se van abriendo carpetas). Aunque esto último pueda parecer un inconveniente, es un hecho que ciertas operaciones (copiar, mover) resultan más fáciles de hacer de esta forma. Para activarla desde la ventana de Mi PC:

2. Seleccione `Herramientas / Opciones de carpeta.`
3. Haga clic sobre el botón de opción `Abrir cada carpeta en ventanas diferentes` existente en el área `Examinar carpetas.`
4. Haga clic sobre el botón **Aceptar**.

De esta forma, al ir abriendo carpetas, éstas se mostrarán en nuevas ventanas como se observa en la figura 6.20.

Cómo comprimir y descomprimir archivos

Aunque parezca que el disco duro que se tiene en el equipo tiene la suficiente capacidad para guardar ficheros y ficheros, lo cierto es que llegará un momento en que empiece a faltar espacio y una posible solución es comprimir los ficheros guardados, en particular aquéllos que por su naturaleza (piénsese por ejemplo en imágenes creadas con Paint en formato BMP) son susceptibles de mucha reducción en su tamaño. No sólo eso, también convendrá comprimir los ficheros cuando se deseen transportar en disquetes a otros equipos.

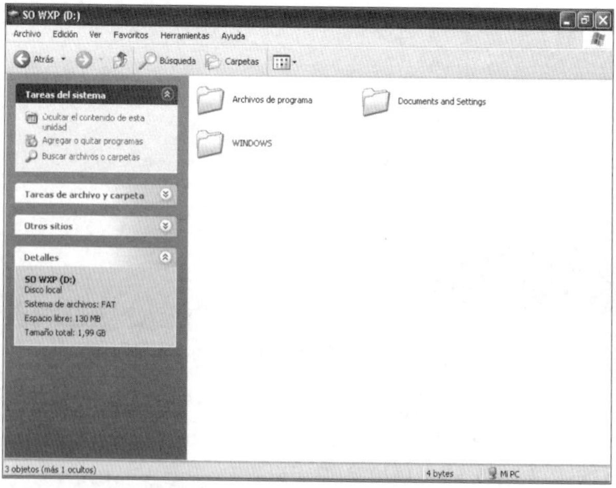

Figura 6.19. Navegando dentro de Mi PC

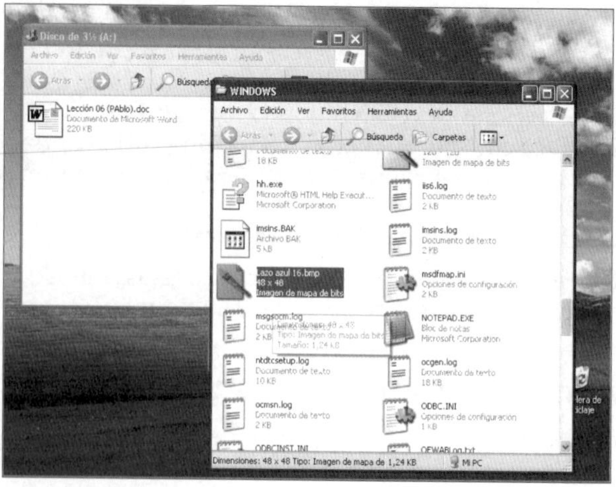

Figura 6.20. Contenido de cada carpeta en una ventana

Con Windows XP resulta fácil comprimir estos ficheros. Supondremos como ejemplo que se han creado en la carpeta 3

Ejemplos de ficheros BMP del disco duro las imágenes BMP de la figura 6.21, que como se ve ocupan 1.02 MB en el disco (pueden crearse como se indica en la lección 7). En tal caso:

1. Abra la ventana del Explorador y seleccione los ficheros a comprimir, de forma similar a como se hace en la figura 6.21.

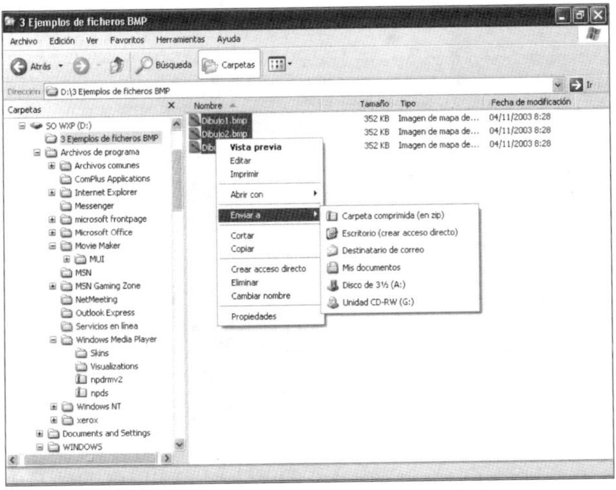

Figura 6.21. Ficheros a comprimir

2. Haga clic con el botón derecho sobre la selección, para obtener su menú contextual y seleccione Enviar a / Carpeta comprimida. Aparecerá el icono de la carpeta comprimida, en este caso con un tamaño muy inferior (9 KB) al que ocupaban los originales (el porcentaje de reducción dependerá del tipo de ficheros). Ahora podrían borrarse los ficheros originales y mantener únicamente la carpeta creada con el nombre de uno de los ficheros, nombre que puede cambiarse de la forma ya explicada.

Para descomprimir la carpeta:

3. Haga doble clic en la carpeta. Se abrirá la ventana de la figura 6.22. Ahora podría optar por extraer todos los archivos, haciendo clic en la opción del mismo nombre que figura en la parte superior izquierda, o por hacer clic en alguno de ellos y elegir alguna de las opciones que surgen en dicha ventana: mover o copiar el archivo, eliminarlo…

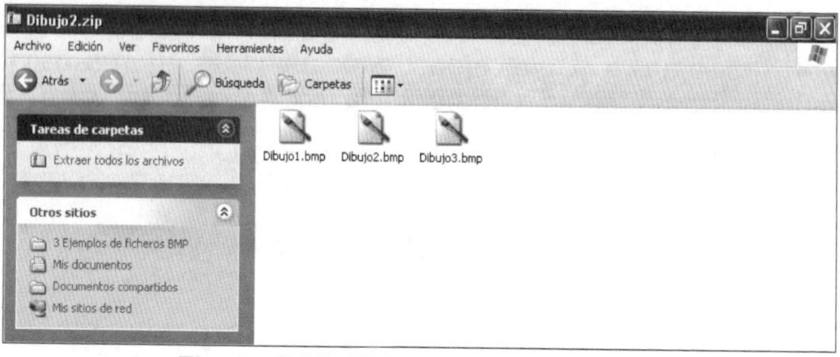

Figura 6.22. Ficheros a descomprimir

Qué hemos aprendido

- A visualizar las extensiones de los ficheros.
- A ejecutar aplicaciones desde el Explorador.
- A comprobar la asociación de ficheros a aplicaciones.
- A encontrar ficheros en el disco.
- A comprobar, y en su caso cambiar, las propiedades de cada objeto.
- A crear iconos de acceso directo a aplicaciones y documentos.
- A utilizar la Papelera de reciclaje.
- A saber qué es y para qué sirve la utilidad Mi PC.
- A comprimir y descomprimir archivos.

Ejercicios

1. Ejecute el juego Pinball desde el Explorador y desde su icono del grupo `Juegos` existente en el menú `Inicio`. Después, ciérrelo.
2. Busque ficheros de extensión WAV.
3. Cree un icono de acceso directo en el Escritorio para la aplicación de dibujo Paint. Después de comprobar su funcionamiento, bórrelo.
4. Introduzca algún disquete en la unidad A y compruebe sus propiedades, así como las de los diferentes ficheros que contenga.
5. Investigue cómo conseguir que se visualicen los ficheros ocultos.

Lección 7

Algunos accesorios de Windows XP

Windows XP incorpora, como accesorios, una serie de aplicaciones con las que pueden crearse distintos tipos de documentos (textos, dibujos, vídeos y fotografías digitales...) y realizar otras operaciones como, por ejemplo, operaciones aritméticas con la calculadora.

Qué accesorios están instalados

Por defecto, Windows instala todos los accesorios que trae incorporados, y los deja disponibles para ser iniciados con las opciones del menú `Inicio` (véase figura 7.1). Si al intentar arrancar un accesorio no encuentra su opción de inicio, compruebe que está instalado mediante la herramienta `Agregar o quitar programas` del Panel de control.

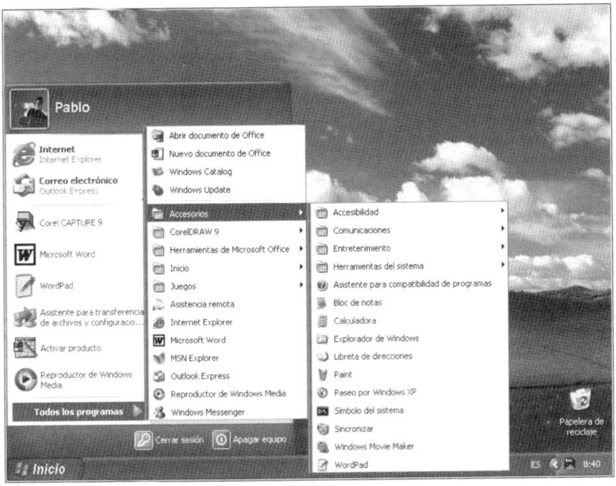

Figura 7.1. Accesorios de Windows

Para qué sirve el Bloc de notas

El Bloc de notas es un accesorio que permite redactar documentos de texto utilizando sólo los caracteres propios del código ASCII. Puede utilizarse para escribir simples avisos, notas urgentes..., o para crear documentos con códigos HTML (páginas Web) u otros tipos de código.

1. Haga clic sobre el botón **Inicio**, para desplegar su menú, y seleccione `Todos los programas / Accesorios / Bloc de notas`; aparecerá la ventana de la aplicación con un aspecto similar al de la figura 7.2, aunque vacía.
2. Active la opción `Formato / Ajuste de línea`, para que las líneas de texto que escriba se ajusten automáticamente al ancho de la ventana.
3. Escriba el texto que muestra la figura 7.2; recuerde que la longitud de las líneas depende del tamaño de la ventana, por lo que puede que su documento no quede como se ve en la figura.

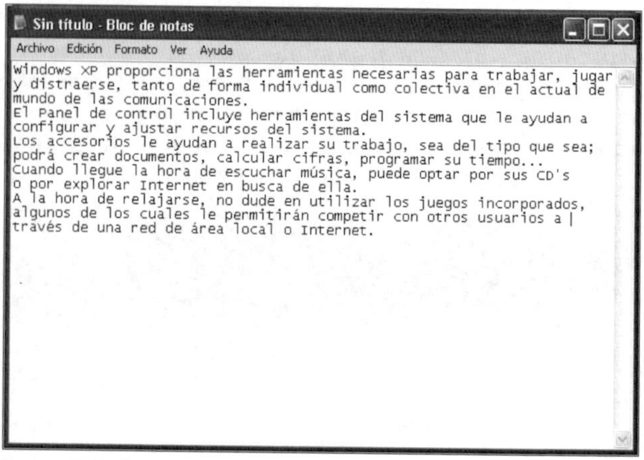

Figura 7.2. Documento de texto escrito con el Bloc de notas

Puede escribir con otro tipo de letra seleccionándola del cuadro de diálogo que se activa al seleccionar `Formato / Fuente`; *en caso de utilizar el Bloc para escribir avisos, le interesará utilizar la opción* `Hora y fecha` *del menú* `Edición`, *o pulsar <F5>, para escribir la fecha automáticamente.*

4. Seleccione `Archivo / Guardar`; aparecerá un cuadro de diálogo desde el que puede guardarse el texto escrito en un archivo.
5. Escriba, en el recuadro `Nombre`, **Acerca de Windows**; posteriormente, haga clic sobre el botón **Guardar**.
6. Seleccione `Archivo / Salir`, para cerrar la ventana del Bloc de notas.

> *Por defecto, un documento creado con el Bloc de notas se guarda como archivo de texto (extensión TXT). Cuando desee guardarlo como documento HTML, deberá escribir tras el nombre del archivo y separados por el carácter punto, la extensión correspondiente (HTM o HTML).*

Cómo funciona la calculadora

Cuando necesite realizar alguna operación con números, puede recurrir a la calculadora de Windows. Esta calculadora tiene dos presentaciones, *estándar* y *científica*, que pueden intercambiarse según interese.

1. Despliegue el menú `Inicio` y seleccione `Todos los programas / Accesorios / Calculadora`. Aparecerá la versión de la calculadora que se hubiera utilizado por última vez; la figura 7.3 muestra la calculadora estándar.

Figura 7.3. Calculadora estándar

Para cambiar la presentación de la calculadora hay que seleccionar la opción correspondiente (`Científica` o `Estándar`) del menú `Ver`. Observe, en la figura 7.4, el aspecto de la calculadora científica.

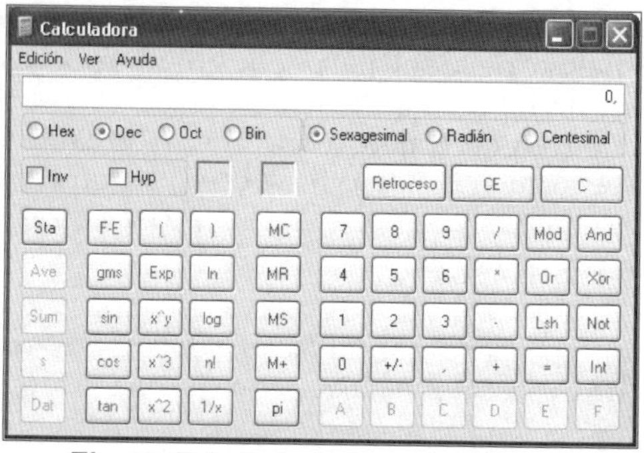

Figura 7.4. Calculadora científica

El manejo de la calculadora es similar al de una convencional, y sus botones pueden pulsarse mediante el teclado o el ratón. El menú `Ver`, dependiendo de la presentación que esté activa, mostrará diferentes opciones para activar los distintos modos de presentación y cálculo.

2. Cuando finalice los cálculos, deberá cerrar la calculadora mediante el botón **Cerrar** de su ventana.

Tres botones importantes de la calculadora son: Retroceso *para borrar el último dígito visible,* CE *para eliminar el último dato introducido, y* C *para borra todos los datos y comenzar un nuevo cálculo.*

*Los botones **M+, MC y MR** permiten usar la memoria temporal de la calculadora para realizar ciertas operaciones; por ejemplo, el resultado de 12*25+34*7 puede conseguirse con los siguientes pasos: hacer clic sobre los símbolos 12 * 25=, sobre el botón **M+** para guardarlo en memoria, sobre los símbolos 34 * 7=, sobre el botón **M+** para guardarlo sumándolo al anterior, y sobre el botón **MR** para obtener el resultado. Después hay que borrar la memoria mediante el botón **MC**.*

Para qué sirve WordPad

WordPad permite escribir y editar documentos de texto. Aunque su función pueda parecer análoga a la del Bloc de notas, son muy distintas; esta aplicación sí permite modificar el formato del documento para mejorar su aspecto, tal y como puede hacerse con un procesador de texto más profesional.

1. Despliegue el menú `Inicio` y seleccione `Todos los programas / Accesorios / WordPad`; aparecerá la ventana del programa que, una vez maximizada, tendrá el aspecto de la figura 7.5.

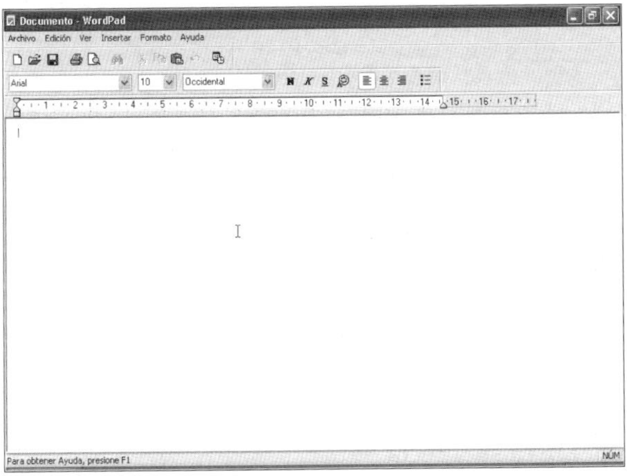

Figura 7.5. Ventana de WordPad

Además de los elementos comunes a todas las ventanas (bordes, barra de título, barra de menús, barras de herramientas...), cabe destacar la *regla*, elemento característico de los procesadores de texto. Dentro del área de trabajo existe otro elemento importante, el *indicador del cursor*, que señala el lugar exacto en el que aparecerán los caracteres introducidos desde el teclado.

> *Cuando el documento tenga más texto de lo que pueda mostrar el área de trabajo, aparecerán las barras de desplazamiento vertical y horizontal, cuya misión no es otra que permitir ver el resto del documento.*

Cómo escribir un documento

Para escribir un texto debe utilizar el teclado como si de una máquina de escribir se tratara. Si desea practicar, escriba el texto que muestra la figura 7.6 teniendo en cuenta que:

- No debe pulsar <**Intro**> al llegar al final de una línea; tan sólo debe pulsarla cuando quiera comenzar una nueva línea sin finalizar la actual, es decir, cuando quiera *provocar* un punto y aparte. Para dejar una línea vacía, pulse <**Intro**> al comienzo de ella.
- Existen varios modos de que se ajusten las líneas de texto: `sin ajuste`, `a la ventana` o `a la regla`, que se pueden elegir en el cuadro de diálogo que se activa al seleccionar `Ver / Opciones`; en el texto que va a escribir debe activar el ajuste de líneas a la regla.
- Las teclas de movimiento permiten desplazar el cursor a otra posición del texto sin borrar caracteres; también puede situar el cursor en un punto haciendo clic sobre él.
- La tecla <**Supr**> borra el carácter situado a la derecha del cursor, mientras que la tecla <**Retroceso**> borra el situado a la izquierda.
- Si desea escribir un carácter en mayúsculas, deberá mantener pulsada la tecla <**Mayús**> mientras lo escribe. Sin embargo, si desea escribir varios caracteres consecutivos en mayúsculas, lo mejor es que active el bloqueo mediante la tecla <**BloqMayús**>; en tal caso, cuando deje de interesarle la escritura en mayúsculas, deberá desactivarlo con la misma tecla.

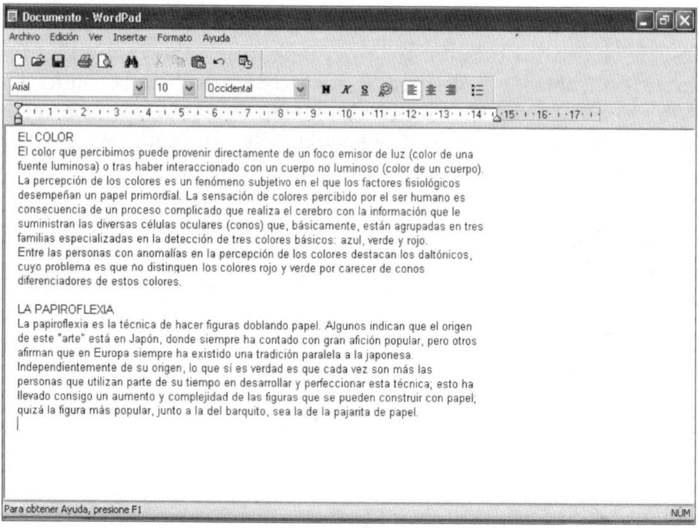

Figura 7.6. Documento de WordPad

Cómo modificar el aspecto de un documento

WordPad incorpora herramientas para mejorar el aspecto de cualquier documento; las modificaciones que se pueden realizar pueden afectar a un conjunto de caracteres, a un párrafo completo (texto comprendido entre dos puntos y aparte) o a todo el documento.

La mayoría de las acciones para modificar el aspecto del texto se pueden realizar con los botones de la barra de herramientas `Formato`, pero otras deben ser realizadas mediante las opciones del menú `Formato`.

Observe, en la figura 7.7, la barra de herramientas `Formato`; recuerde que al situar el ratón sobre un botón aparecerá su nombre en un cuadro emergente y una descripción de su acción en la barra de estado.

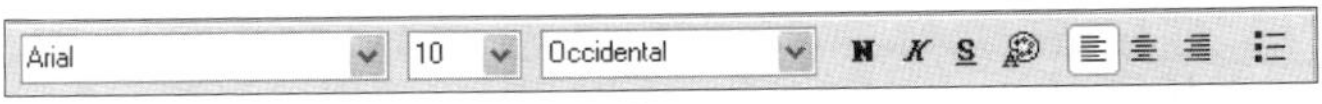

Figura 7.7. Barra `Formato`

Cuando la característica a modificar afecta a los caracteres (color, negrita, cursiva, tipo de letra, tamaño...), éstos deben seleccionarse previamente mediante el teclado o el ratón:

- Con teclado: sitúe el cursor en uno de los extremos del bloque de caracteres a seleccionar, mantenga pulsada la tecla **<Mayús>** y, mediante las teclas de movimiento, desplace el cursor hasta el otro extremo del bloque.
- Con ratón: arrástrelo sobre los caracteres a seleccionar.

Si por el contrario la característica a modificar afecta a un párrafo (sangría, alineación, viñetas...), no hace falta seleccionar todos sus caracteres, sino que bastará con situar el cursor en cualquier punto del párrafo.

Realice los siguientes pasos para modificar el formato del documento escrito anteriormente:

1. Haga clic sobre un punto de la primera línea, para situar el cursor en ella, y sobre el botón ( ) de la barra de herramientas para centrar su texto; repita el mismo paso con el texto "LA PAPIROFLEXIA".
2. Seleccione todos los caracteres de la primera línea; éstos deben mostrarse como en la figura 7.8.

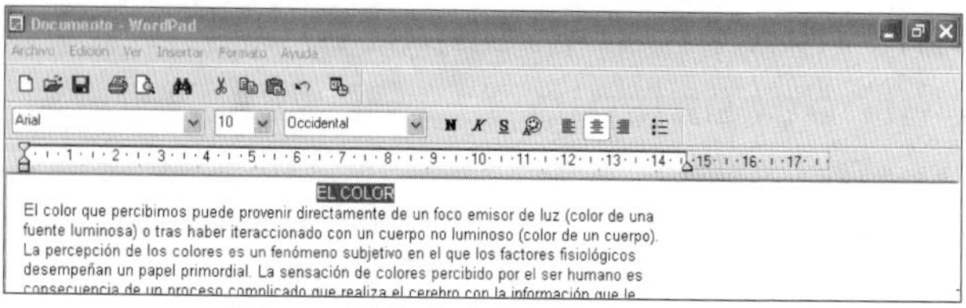

Figura 7.8. Selección de texto

3. Seleccione, de la lista desplegable `Fuente` (Arial), la fuente `Comic Sans MS`; los caracteres cambiarán de aspecto pero seguirán seleccionados.
4. Con los caracteres aún seleccionados, elija el tamaño `14` de la lista desplegable `Tamaño de fuente` (10) y el color rojo del botón **Color** ( ).
5. Repita los pasos anteriores para modificar el formato de los texto "LA PAPIROFLEXIA".
6. Seleccione el texto «color de una fuente luminosa», haga clic sobre el botón **Negrita** (N); realice la misma operación con los textos "color de un cuerpo" y "técnica de hacer figuras doblando papel".
7. Seleccione la palabra "color" del segundo párrafo y haga clic sobre el botón **Cursiva** (K). Repita la misma acción con la palabra "papiroflexia" del quinto párrafo.
8. Seleccione la palabra "barquito" y haga clic sobre el botón **Subrayado** (S). Repita la acción con el texto "pajarita de papel".
9. Asigne los colores rojo a los caracteres de la palabra "rojo", azul a los de la palabra "azul" y verde a los de la palabra "verde"; además, asigne colores verde y rojo a los caracteres de la palabra "daltónicos".

A continuación va a *sangrar* todos los párrafos del texto, operación que consiste en separar el texto de los márgenes izquierdo y/o derecho de la página.

10. Seleccione todo el texto correspondiente al apartado "EL COLOR", excepto el título.
11. Seleccione `Formato / Párrafo`; obtendrá un cuadro de diálogo en el que deberá introducir los valores que muestra la figura 7.9, para que los párrafos queden con el aspecto de la figura 7.10.
12. Una vez introducido el valor que permite sangrar la primera línea de cada párrafo 0,5 cm. por la izquierda, haga clic sobre el botón **Aceptar**.

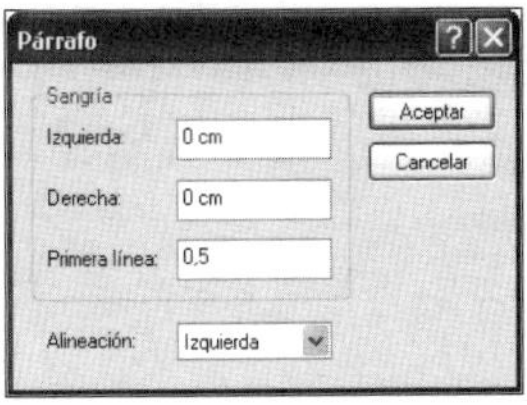

Figura 7.9. Sangría de párrafos

13. Realice los mismos pasos anteriores para sangrar todos los párrafos del apartado "LA PAPIROFLEXIA". El aspecto final del documento será como el de la figura 7.10.

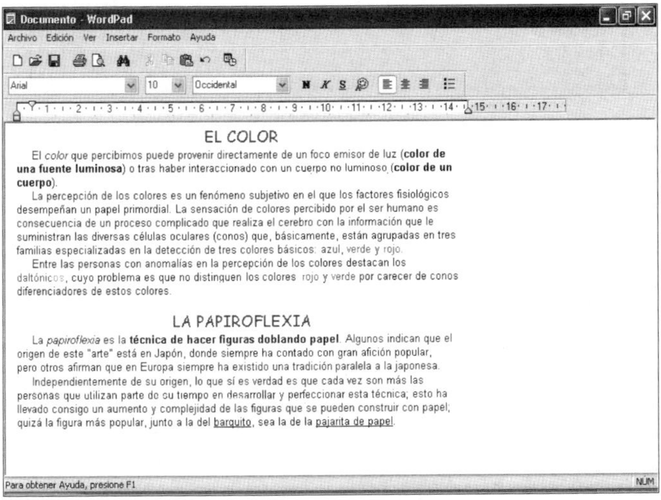

Figura 7.10. Documento de WordPad con formato

Cómo guardar un documento

La operación de guardar un documento en un archivo se realiza del mismo modo que con cualquier otra aplicación Windows. Una vez guardado, se podrá cerrar el programa sin peligro de perder el trabajo realizado.

1. Seleccione `Archivo / Guardar`, o haga clic sobre el botón ( ) de la barra de herramientas, para activar el cuadro de diálogo de la figura 7.11.

Figura 7.11. Guardar un documento

Observe que, por defecto, los documentos se guardan en la carpeta `Mis documentos`; si quisiera guardarlos en otra, debería seleccionarla de la lista desplegable `Guardar en`. Por otra parte, los documentos se guardarán por defecto con *formato de texto enriquecido (RTF)*, formato que está a medio camino entre los documentos de texto (únicamente contienen texto, sin formato) y los documentos creados con procesadores de texto como Word (con sofisticadas opciones de formato); si se deseara guardar con otro formato, habría que seleccionarlo de la lista desplegable `Tipo`.

2. Active el recuadro `Nombre`, escriba **Color y papiroflexia** y haga clic sobre el botón **Guardar**.
3. Seleccione `Archivo / Salir`, para salir de WordPad y cerrar su ventana.

> *Si una vez que ha guardado un documento desea crear otro, debería seleccionar* `Archivo / Nuevo` *o hacer clic sobre el botón ( ).*

Para qué sirve Paint

Paint es un accesorio de Windows que permite crear y modificar dibujos. Aunque sus capacidades puedan ser limitadas en comparación con otros programas más profesionales, este programa es más que suficiente para crear dibujos vistosos y de alta calidad.

1. Despliegue el menú `Inicio` y seleccione `Todos los programas / Accesorios / Paint`; se abrirá la ventana del programa que, una vez maximizada, tendrá el aspecto de la figura 7.12.

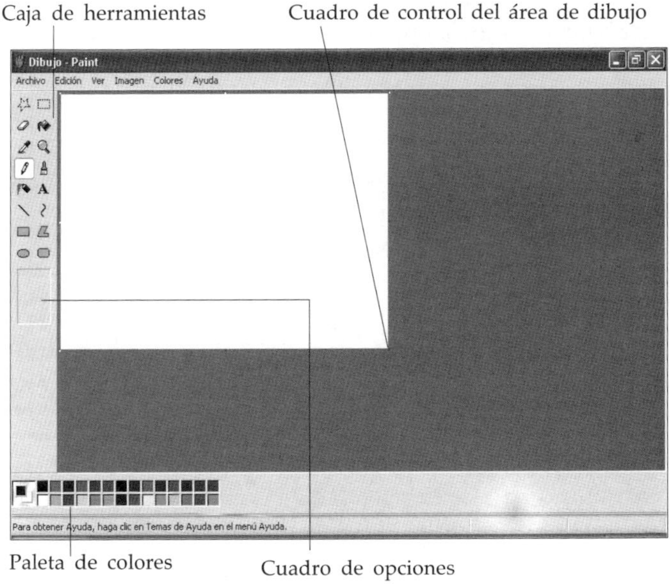

Figura 7.12. Ventana de Paint

Como puede comprobar, la ventana de Paint contiene los elementos habituales de cualquier aplicación Windows más otros específicos de los programas de dibujo que se han señalado en la figura 7.12. El área de dibujo (porción blanca) tiene unas dimensiones que pueden modificarse desde el cuadro de diálogo que se activa mediante la opción `Imagen / Atributos` o arrastrando el cuadro de control señalado en la figura 7.12.

En caso de no visualizar alguno de los elementos de la ventana de aplicación, actívelo mediante la opción adecuada del menú `Ver`.

Cómo utilizar las herramientas

Para crear o modificar un dibujo hay que utilizar las herramientas de dibujo que se encuentran disponibles en la caja de herramientas; algunas de estas herramientas disponen de varias opciones (tamaño, aspecto...) que el programa ofrecerá, para que pueden ser seleccionadas, en el cuadro de opciones.

Para activar una herramienta de dibujo basta con hacer clic sobre su botón, al igual que para elegir una opción de ésta bastará con hacer clic sobre ella. Observe, en la figura 7.13, la caja de herramientas y el cuadro de opciones cuando está activo *el pincel.*

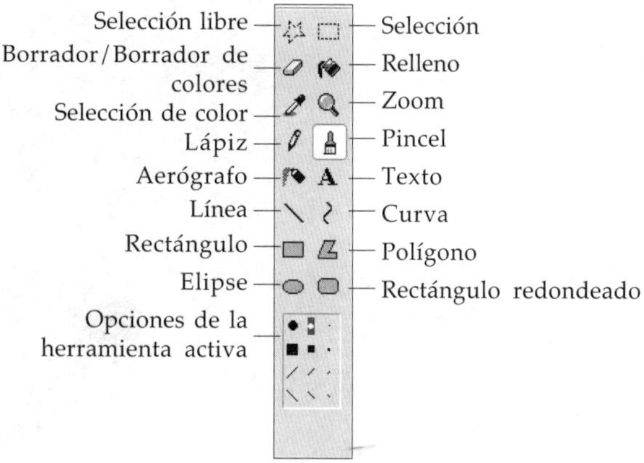

Figura 7.13. Caja de herramientas

Cómo seleccionar los colores

En todo momento dispondrá de dos colores diferentes para dibujar, uno en cada botón del ratón. Estos colores se pueden identificar observando el cuadro existente a la izquierda de la paleta de colores (véase figura 7.14).

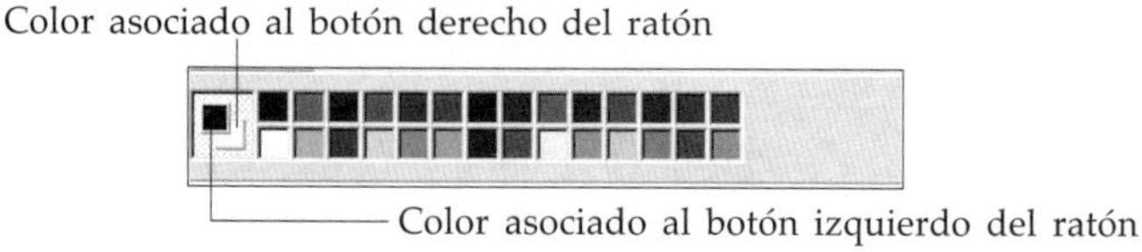

Figura 7.14. Colores disponibles

La asignación del color a uno de los botones del ratón es tan sencilla como hacer clic, con el botón correspondiente, sobre la casilla del color deseado.

Si los objetos se dibujan con el botón izquierdo del ratón, éstos tendrán el color asignado al botón izquierdo del ratón, y el color del botón derecho del ratón sólo se utilizará para colorear el interior del objeto, siempre y cuando éste sea con relleno. En caso de dibujar los objetos mediante el botón derecho del ratón, la situación de los colores se invertirá.

Para qué sirve cada herramienta

A continuación se indica la acción de cada una de las herramientas disponibles en Paint y el modo de operar con ellas:

- **Selección**. Permite seleccionar, arrastrando el cursor diagonalmente, un área rectangular del dibujo.
- **Selección libre**. Permite seleccionar una parte del dibujo de forma libre; para ello debe arrastrarse el ratón alrededor del área a seleccionar.
- **Borrador**. Borra la parte del dibujo por la que se arrastre el ratón; el área quedará del color asignado al botón derecho del ratón. Si se utiliza esta herramienta con el botón derecho del ratón, permitirá sustituir colores en el área de dibujo (el asignado al botón izquierdo por el asignado al botón derecho).
- **Relleno**. Permite rellenar un área cerrada con uno de los colores asignados a los botones del ratón.
- **Selección de color**. Permite selecciona automáticamente el color de alguna zona del dibujo; el color quedará asignado al botón del ratón que se pulse sobre el punto del dibujo.
- **Zoom**. Permite modificar el tamaño de visión del dibujo.
- **Lápiz** y **Pincel**. Ambas herramientas permiten dibujar a mano alzada; bastará con arrastrar el ratón por el área de dibujo. La diferencia entre ellas es que el pincel tiene varias opciones de forma y tamaño.
- **Aerógrafo**. Permite pulverizar un color sobre una zona del dibujo.
- **Texto**. Permite añadir texto a un dibujo; para ello habrá que arrastrar el ratón para crear un marco de texto y poder escribir en él.
- **Línea**. Dibuja una línea recta con sólo arrastrar el ratón.

- **Curva**. Dibuja líneas curvas; primero se dibuja una línea recta y, posteriormente, se arrastran dos de sus puntos hasta conseguir la curvatura deseada.
- **Rectángulo**. Esta herramienta permite dibujar rectángulos y cuadrados con sólo arrastrar el ratón diagonalmente hasta indicar el tamaño del objeto.
- **Polígono**. Con esta herramienta podrá dibujar polígonos; habrá que hacer clic en cada vértice del polígono y doble clic en el punto final.
- **Elipse**. Dibuja elipses y círculos; el tamaño y la posición del objeto se indican arrastrando el ratón sobre el área de dibujo.
- **Rectángulo redondeado**. Dibuja rectángulos y cuadrados con sus esquinas redondeadas.

*Se pueden dibujar círculos y cuadrados perfectos, mediante las herramientas correspondientes, manteniendo pulsada la tecla **<Mayús>**. Si se utiliza esta tecla con la herramienta* `Línea`*, se dibujarán líneas horizontales, verticales o con una inclinación de 45º.*

Cómo comenzar a dibujar

Al abrir el programa, la ventana de dibujo aparece vacía y lista para comenzar a crear un dibujo. Lo primero que ha de hacer es ajustar el tamaño del área al dibujo que vaya a realizar; posteriormente, bastará con ir seleccionando las herramientas de dibujo, sus opciones y los colores adecuados, e intentar plasmar sobre el área de trabajo la imagen deseada. Lógicamente, la primera vez que utilice el programa le será difícil obtener los dibujos deseados, pero seguro que rápidamente comenzará a obtener buenos resultados.

A continuación se indican algunos detalles que simplifican la creación de ciertos dibujos, y que conviene tener siempre presente:

- Si la última operación realizada no da el resultado esperado, deshágala mediante la opción `Deshacer` del menú `Edición`.
- Puede copiar o mover parte del dibujo mediante las opciones `Copiar`, `Cortar` y `Pegar` del menú `Edición`. Tenga en cuenta que para poder utilizar las opciones

`Copiar` y `Cortar` deberá seleccionar la parte del dibujo afectada mediante una de las herramientas de selección.

- A la hora de mover o copiar un parte del dibujo, es muy importante saber qué opción de las herramientas de recorte está activa, puesto en función de ella el recorte se comportará como opaco o transparente.

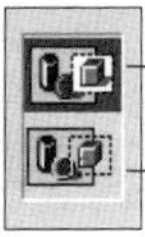

Figura 7.15. Opciones de las herramientas de recorte

1. Utilice todas las herramientas de dibujo para crear distintos objetos gráficos: círculos, elipses, rectángulos, trazos a mano alzada, etc.; cambie algunas opciones de las herramientas y trabaje con distintos colores para comprobar todas las posibilidades del programa.

Una vez que ha practicado con el programa, intente crear la imagen que muestra la figura 7.16. Puesto que ha estado dibujando en el área de dibujo, lo primero que debe hacer es borrar todo lo dibujado; aunque podría utilizar el borrador, lo hará de otro método más rápido:

2. Seleccione `Archivo / Nuevo`; el programa le preguntará si desea guardar los cambios.
3. Haga clic sobre el botón **No**; obtendrá una nueva área de dibujo, limpia y lista para comenzar a dibujar.
4. Seleccione `Imagen / Atributos`, y especifique un tamaño para el área de dibujo de 700x500 píxeles.
5. Dibuje la imagen que muestra la figura 7.16; trabaje con los colores que más le agraden.

Cómo guardar un dibujo

Una vez creado el dibujo, éste debe ser guardado en un archivo como cualquier otro documento; para ello:

1. Seleccione `Archivo / Guardar`; obtendrá el cuadro de diálogo **Guardar**, análogo al de la figura 7.11. Observe que, por defecto, los dibujos quedan guardados en la carpeta `Mis imágenes` con formato BMP.
2. Escriba, en el recuadro `Nombre`, **Muestrario de Paint** y haga clic sobre el botón **Guardar**.

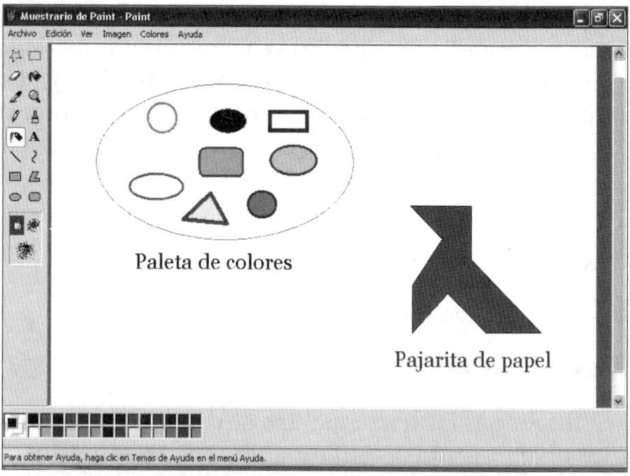

Figura 7.16. Imagen `Muestrario de Paint`

3. Seleccione `Archivo / Salir.`

Qué es el visor de imágenes y fax

El visor de imágenes y fax es una herramienta incorporada en Windows que permite ver imágenes guardadas con distintos formato (TIF, GIF, JPG BMP...) y faxes recibidos o enviados desde el ordenador. Esta herramienta no permite crear ni modificar imágenes, pero sí puede utilizarse para imprimirlas y para convertir una imagen con un formato determinado en otra con distinto formato.

En principio, este programa no se arranca mediante una opción del menú `Inicio`, sino que suele hacerse desde el menú contextual de un archivo de imagen o fax.

1. Despliegue el menú `Inicio`, y seleccione la opción `Mis imágenes`, para abrir la ventana de dicha carpeta y visualizar los archivos guardados en ella.
2. Pulse el botón derecho del ratón sobre el archivo `Muestrario de Paint`, y seleccione la opción `Abrir con / Visor de imágenes y fax de Windows`; se visualizará la imagen en una ventana especial análoga a la de la figura 7.17.

Los botones de la barra de herramientas de la parte inferior de la ventana permiten realizar operaciones tan diversas como:

visualizar el resto de imágenes de la carpeta (hacia delante o hacia atrás, iniciar una presentación de todas las imágenes de la carpeta, aumentar o disminuir el tamaño de visualización, girar la imagen, eliminar su archivo de la carpeta, imprimirla, convertirla a otro formato, etc.

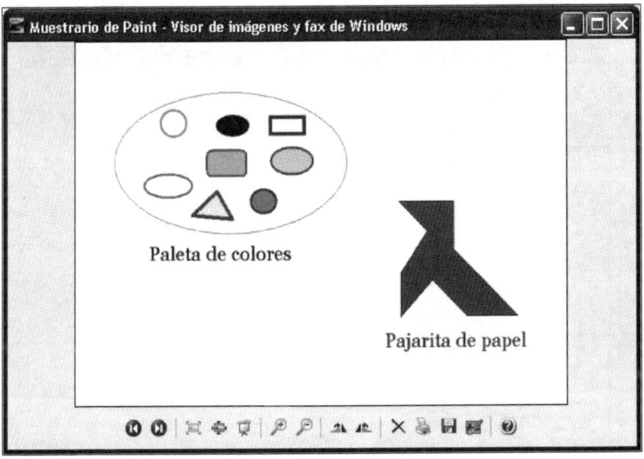

Figura 7.17. Visor de imágenes y fax

3. Cuando quiera cerrar la ventana del visor, haga clic sobre su botón **Cerrar**.

Qué hemos aprendido

- A crear ficheros de texto con el Bloc de notas.
- A realizar cálculos con la Calculadora.
- A escribir, modificar y guardar documentos de texto con WordPad.
- A crear, editar y guardar dibujos con Paint.
- A visualizar y convertir imágenes con el visor.

Ejercicios

1. Arranque el Bloc de notas, escriba su nombre y dirección, y guárdelo en un archivo de texto con el nombre **Datos personales**. Posteriormente, cierre la ventana del programa.

2. Arranque WordPad y abra el documento `Datos personales` creado en el ejercicio 1º.
3. Modifique el aspecto del texto y guárdelo con el mismo nombre pero con formato `texto enriquecido (RTF)`.
4. Escriba, en un documento nuevo, el texto que muestra la figura 7.18, y guárdelo con el nombre **Ardilla común**.

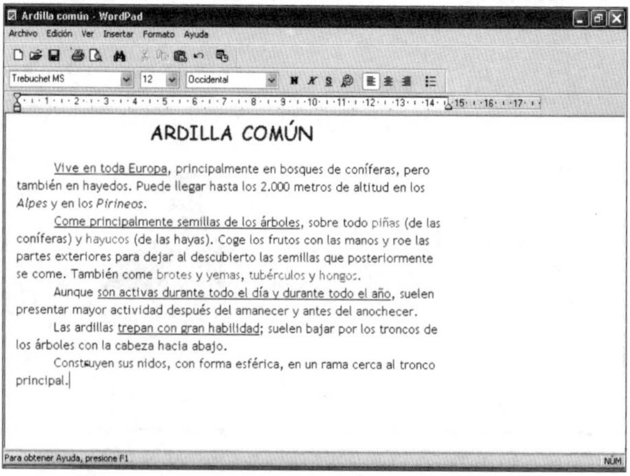

Figura 7.18. Documento `Ardilla común`

5. Abra Paint y dibuje la imagen de la figura 7.19; guárdela con el nombre **Ardilla del país**.

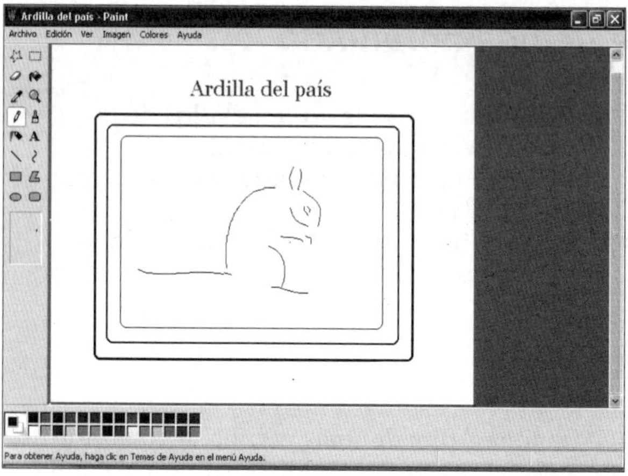

Figura 7.19. Imagen `Ardilla del país`

Lección 8

Multitarea y multiusuario. Transferencia de información entre documentos

En esta lección va a comprobar y utilizar tres características importantes de Windows: la posibilidad de trabajar simultáneamente con varias aplicaciones, la facilidad para transferir información entre documentos y cómo un mismo ordenador puede ser utilizado por varios usuarios.

Cómo se trabaja en multitarea

Una de las grandes ventajas de Windows es que permite realizar varias tareas a la vez, por lo que se dice que es un sistema operativo *multitarea*. Según esto, es posible estar formateando un disco y escribiendo un documento a la vez, dejar una hoja de cálculo realizando una estimación de gastos y abrir el navegador de páginas Web para curiosear por Internet, etc.

Tal y como se ha mencionado lecciones anteriores, para trabajar con varias aplicaciones a la vez no hay que realizar ninguna acción especial: basta con ir arrancando los programas y abriendo las ventanas que se necesiten, sin cerrar ninguna de ellas, e ir activando en cada momento aquella ventana en la que se necesite trabajar.

1. Despliegue el menú `Inicio`, y seleccione `Mis imágenes`, para abrir la ventana de esta carpeta.
2. Pulse el botón derecho del ratón sobre el archivo `Muestrario de Paint`, para desplegar su menú contextual, y seleccione `Abrir con / Paint`.
3. Sin cerrar ninguna de las ventanas abiertas en los pasos anteriores, despliegue el menú `Inicio` y seleccione `WordPad`; si no estuviera esta opción entre las utilizadas

recientemente, selecciónela del submenú `Todos los programas / Accesorios`.

4. Desde la ventana de WorPad, seleccione `Archivo / Abrir` y especifique el documento `Color y papiroflexia` como el que quiere abrir

> *Si hubiera activado la visualización de la opción* `Documentos` *en el menú* `Inicio`*, podría haber abierto los documentos de dibujo y de texto directamente desde el listado de dicha opción, puesto que seguro que éstos serían algunos de los documentos utilizados recientemente.*

En estos momentos hay tres ventanas abiertas, y el aspecto del escritorio dependerá del tamaño y situación de cada una de ellas; observe, en la figura 8.1, uno de los posibles aspectos del escritorio.

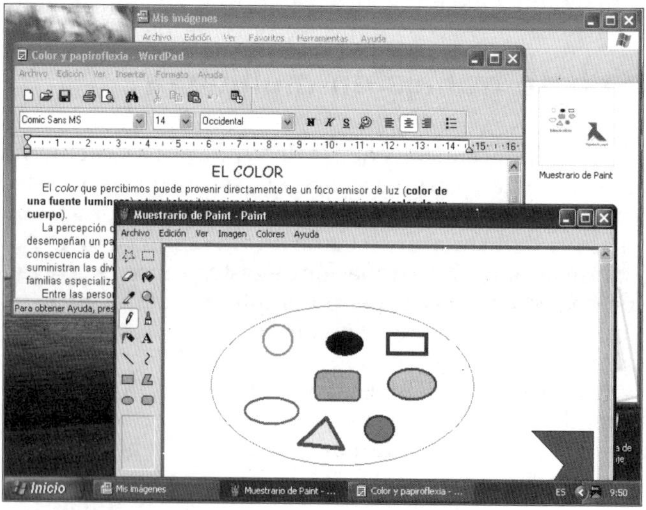

Figura 8.1. Escritorio con varias ventanas abiertas

Como puede observar en la figura 8.1, las ventanas abiertas se superponen unas con otras, pudiendo quedar algunas de ellas tapadas total o parcialmente. De todas las ventanas abiertas, sólo una estará activa, que se identificará por tener su barra de título en color azul; además, se dice que la ventana activa está en *primer plano* y que todas las demás están en un *segundo plano*.

Cómo se activan las ventanas

Los programas de las ventanas abiertas están todos ejecutándose, aunque el usuario sólo tiene control sobre el programa de la ventana que esté activa; esta situación no implica que los programas de las restantes ventanas estén *parados*, sino que podrían estar realizando alguna operación que no necesitase la manipulación del usuario.

Según los pasos realizados en el apartado anterior, la ventana activa será la de WordPad, ya que éste fue el último que se abrió. Para poder trabajar con otro programa abierto puede activar su ventana haciendo clic sobre cualquier punto de ella o, recomendablemente, sobre su barra de título. Sin embargo, el mejor método consiste en utilizar los botones identificadores de las ventanas abiertas existentes en la barra de tareas, cuyo aspecto en este momento será como el de la figura 8.2.

Figura 8.2. Barra de tareas con varias ventanas abiertas

1. Haga clic sobre el botón de la ventana de Paint (**Muestario de Paint**); se activará su ventana, que se habrá situado en primer plano, y podrá trabajar en el dibujo.
2. Haga clic sobre el botón identificador de la ventana `Mis imágenes`, para activarla y visualizar así su contenido; ahora podría realizar cualquier operación con estos archivos, como por ejemplo copiarlos, moverlos, borrarlos, renombrarlos, etc.
3. Haga clic sobre el botón de la ventana de WordPad, para dejarla activa.

Otros métodos para activar las ventanas abiertas

Existen dos métodos alternativos, muy utilizados desde versiones anteriores de Windows, que permiten activar desde el teclado alguna de las ventanas abiertas:

a) Utilizar la combinación de teclas <**Alt-Tab**>
Al pulsar la combinación <**Alt-Tab**>, es decir, al pulsar la tecla <**Tab**> mientras se mantiene pulsada la tecla <**Alt**>, aparecerá un recuadro informativo en el que se

visualizarán los iconos de las ventanas abiertas. A medida que pulse <**Tab**>, sin soltar la tecla <**Alt**>, se irá seleccionando sucesivamente los distintos iconos y, cuando suelte la tecla <**Alt**>, se activará la ventana del icono que estuviera resaltado en ese momento.

b) Utilizar la combinación de teclas <**Alt-Esc**>
Esta combinación, de funcionamiento análogo a la combinación <**Alt-Tab**>, permite ir visualizando, con su tamaño real, las distintas ventanas y cuadros de diálogos abiertos. Cuando visualice la ventana que desee activar, deberá soltar la tecla <**Alt**> para dejarla activada.

Cómo distribuir las ventanas abiertas

En algunas ocasiones puede interesar visualizar varias ventanas a la vez, aunque ello suponga reducir el área de trabajo de cada una de ellas. Una posibilidad consiste en distribuirlas manualmente: para ello habría que modificar el tamaño de cada ventana y situarlas en el Escritorio de modo que quedaran visibles aquéllas que interesasen.

1. Modifique el tamaño de las ventanas abiertas y sitúelas tal y como muestra la figura 8.3. Observe que la ventana de la carpeta `Mis imágenes` está minimizada, algo que conviene tener en cuenta para los próximos apartados.

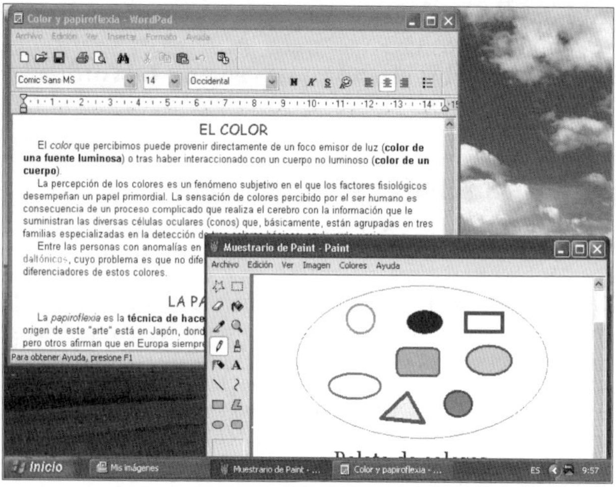

Figura 8.3. Distribución de ventanas

Además de poder distribuir las ventanas manualmente, Windows permite hacerlo automáticamente mediante las opciones del menú contextual de la barra de tareas.

Distribución en cascada

La distribución en cascada sitúa todas las ventanas que no estén minimizadas, unas tras otras, de modo que estén visibles sus barras de título; además, la ventana que estuviera activa quedará en primer plano.

2. Haga clic con el botón derecho sobre un punto vacío de la barra de tareas, para desplegar el menú contextual, y seleccione `Cascada`; las ventanas se distribuirán como en la figura 8.4. Observe que la ventana de la carpeta `Mis imágenes`, por estar minimizada, no ha participado en la distribución del área del escritorio.

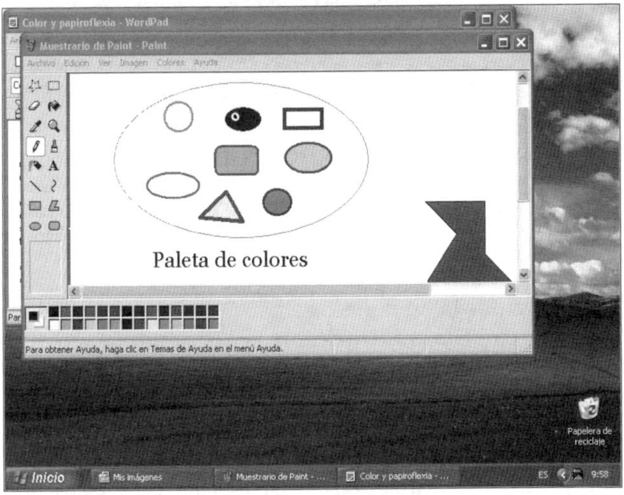

Figura 8.4. Ventanas distribuidas en cascada

3. Active la ventana de la carpeta `Mis imágenes`, haciendo clic sobre su botón de la barra de tareas.

Distribución en mosaico vertical

En la distribución en mosaico, Windows reparte todo el espacio del escritorio entre las ventanas abiertas, quedando todas ellas en primer plano, unas al lado de otras; aunque todas estén en primer plano, sólo una estará activa.

4. Seleccione la opción `Mosaico vertical` del menú contextual de la barra de tareas. Las ventanas se distribuirán como en la figura 8.5.

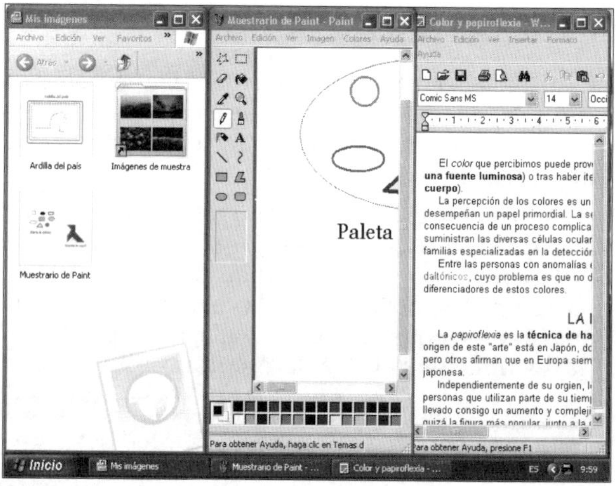

Figura 8.5. Distribución de ventanas en mosaico vertical

Distribución en mosaico horizontal

Esta distribución, análoga a la anterior, tiene la particularidad de que las ventanas se colocan horizontalmente en el escritorio, unas encima de otras.

5. Seleccione la opción `Mosaico Horizontal` del menú contextual de la barra de tareas; las ventanas se distribuirán como en la figura 8.6.

Windows no distribuye las ventanas minimizadas; por lo tanto, cuando desee que una ventana no aparezca en la distribución, minimícela previamente.

Cuando desee visualizar el Escritorio de Windows, deberá minimizar todas las ventanas que tenga abiertas; para ello tiene la posibilidad de hacerlo una a una, mediante sus botones **Minimizar**, o todas a la vez del siguiente modo:

6. Seleccione la opción `Mostrar el escritorio` del menú contextual de la barra de tareas; visualizará el Escritorio sin ninguna ventana abierta en él.

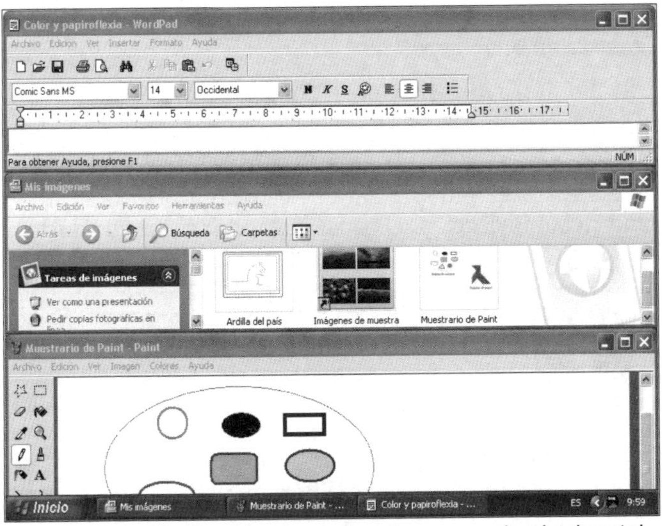

Figura 8.6. Distribución de ventanas en mosaico horizontal

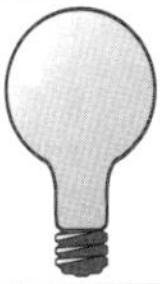

Si estuviera activa la barra de herramientas `Inicio rápido` *en la barra de tareas, el botón () permitiría minimizar todas las ventanas abiertas y visualizar el Escritorio.*

Cómo intercambiar información entre documentos

La transferencia de información entre documentos se realiza fácilmente gracias a una utilidad específica de Windows denominada *Portapapeles,* cuya misión es actuar como *vehículo de transporte* de información entre los documentos de cualquier aplicación. El Portapapeles es una zona reservada de la memoria para contener información; cuando se apaga el ordenador, o se envia otra copia al Portapapeles, la información existente en él se perderá.

El Portapapeles no sólo sirve para intercambiar información entre documentos de distintas aplicaciones, sino que también puede utilizarse en un mismo documento para mover o duplicar información.

El modo de operar, que es común para todas las aplicaciones, se realiza en dos pasos:

a) Enviar la información al Portapapeles.

Para ello debe estar activo el documento que contiene la información, y ésta debe estar seleccionada (el modo de seleccionar la información dependerá de cada aplicación). Posteriormente deberá seleccionar la opción Cortar o Copiar del menú Edición.

La opción Cortar *envía la información al Portapapeles eliminándola del documento en el que estuviera, mientras que la opción* Copiar *envía una copia de la información dejando la original en el documento.*

b) Pegar la información del Portapapeles.

Ahora debe estar activo el documento destino, y el cursor debe estar situado en el punto exacto en el que se quiera insertar la información. Posteriormente deberá seleccionar la opción Pegar del menú Edición.

Una vez enviada la información al Portapapeles, ésta no se eliminará de él por el hecho de pegarla, sino que permanecerá allí hasta que envíe otra información o se apague el ordenador; esta característica permite pegar tantas veces como se quiera la información con sólo realizar el segundo paso del proceso.

Cómo transferir información de Paint a WordPad

A continuación va a transferir el dibujo Muestrario de Paint creado con Paint en la lección anterior al documento Color y papiroflexia escrito con WordPad.

1. Compruebe que tiene abiertos los documentos mencionados anteriormente; en caso contrario, ábralos.
2. Active la ventana de Paint, y maximícela.
3. Active la herramienta Recorte rectangular, y seleccione la zona correspondiente a la paleta de colores; ésta

debe quedar enmarcada por líneas discontinuas como en la figura 8.7.

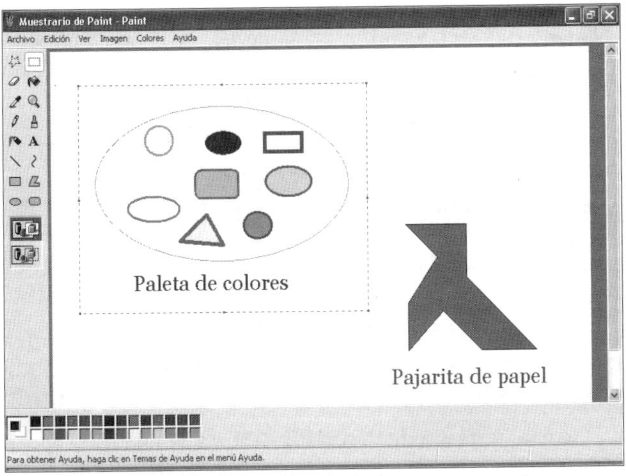

Figura 8.7. Selección de la imagen a copiar

4. Seleccione `Edición / Copiar`; una copia del dibujo seleccionado se habrá enviado al Portapapeles, quedando preparada para ser pegada en cualquier documento.
5. Active la ventana WordPad, y maximícela.
6. Sitúe el cursor al final del párrafo correspondiente al color, y pulse <**Intro**> para crear una nueva línea vacía; deje situado el cursor en la línea creada.
7. Seleccione `Edición / Pegar`, para pegar en el punto del cursor una copia de la imagen enviada al portapapeles.
8. Con la imagen pegada aún seleccionada, haga clic sobre el botón ( ) para centrarla horizontalmente.
9. Haga clic en un punto exterior de la imagen, para cancelar su selección.
10. Active la ventana de Paint, y seleccione la parte del dibujo correspondiente a la pajarita de papel.
11. Repita la secuencia de pasos anterior, a partir del 4º, para transferir una copia de la pajarita al final del documento de texto. Tome como referencia la figura 8.8.
12. Como no va a volver a trabajar con Paint, cierre su ventana, por ejemplo seleccionando la opción `Cerrar` del menú contextual de su botón identificador de la barra de tareas. En caso de que el programa informe de que se han producido cambios en el documento, no los guarde.

Cuando una imagen pegada en un documento de texto está seleccionada, hecho que se reconoce porque aparece recuadrada, es posible modificar su tamaño arrastrando alguno de los cuadros de control que lo bordean. También puede utilizar las opciones de su menú contextual para realizar otras operaciones con ella.

Cómo visualizar e imprimir un documento

Conviene, antes de realizar la impresión de un documento, visualizar cómo va a quedar al imprimirlo; de este modo podrían realizarse los últimos retoques en su aspecto antes de imprimir.

1. Con la ventana de WordPad activa, seleccione `Archivo / Vista preliminar`. Obtendrá la ventana de la figura 8.8.

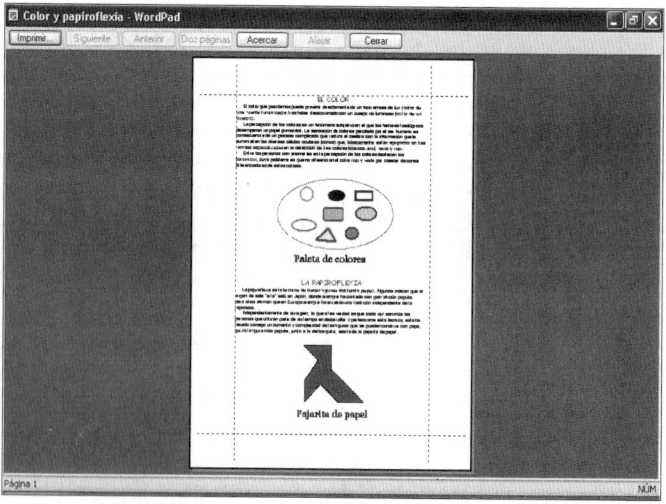

Figura 8.8. Vista preliminar de un documento

2. Utilice los botones **Acercar** y **Alejar** para visualizar con mayor y menor detalle el aspecto del documento.
3. Haga clic sobre el botón **Cerrar**, para volver a la ventana de documento.

4. Seleccione `Archivo / Imprimir`; se activará el cuadro de diálogo `Imprimir` (véase figura 8.9), en el que se puede indicar qué impresora se quiere utilizar (si hubiera varias), qué páginas del documento se han de imprimir y cuántas copias se quieren obtener.

Figura 8.9. Cuadro de diálogo `Imprimir`

5. Encienda la impresora y haga clic sobre el botón **Imprimir**; obtendrá el documento impreso con las opciones por defecto (una copia de todo el documento, utilizando la impresora por defecto).
6. Seleccione `Archivo / Salir`; el programa detectará que el documento de texto ha sido modificado (se han pegado varias imágenes), y mostrará un cuadro de diálogo ofreciendo la posibilidad de guardar los cambios.
7. Haga clic sobre el botón **Sí**, para guardar los cambios antes de que se cierre la ventana.

Puede ver la presentación preliminar de un documento mediante el botón ( ) de la barra de herramientas, e imprimirlo mediante el botón .

Cómo se trabaja en un sistema multiusuario

Como ya se indicó en la lección 4, Windows permite definir varias cuentas de usuario de modo que un mismo ordenador pueda ser utilizado por varias personas, y que cada una de ellas pueda tener su propia configuración del sistema y mantenga la confidencialidad de sus documentos.

Cuando se enciende el ordenador, y si se han definido varios usuarios en Windows, éste mostrará una pantalla análoga a la de la figura 1.3 para que el usuario se identifique. A partir de ese momento, se abrirá una sesión de trabajo a nombre de ese usuario. Por otra parte, cada vez que se active el protector de pantalla de Windows y el usuario vuelva a utilizar el equipo, Windows volverá a mostrar dicha pantalla para obligarle a identificarse de nuevo.

Además de las dos situaciones anteriores en las que el usuario se ha de identificar, existen otras en las que son los propios usuarios los que deciden intercambiarse en el ordenador y, por lo tanto, necesitan cambiar la sesión de trabajo.

Cómo cerrar una sesión y abrir otra

Esta situación se da cuando un usuario finaliza su trabajo y deja su puesto de trabajo a otro, por lo que le interesa cerrar su sesión y que el próximo usuario se identifique adecuadamente para abrir la suya. Para ello hay que:

1. Desplegar el menú `Inicio` y hacer clic sobre el botón **Cerrar sesión** situado en la parte inferior derecha del menú; aparecerá el cuadro de diálogo de la figura 8.10.

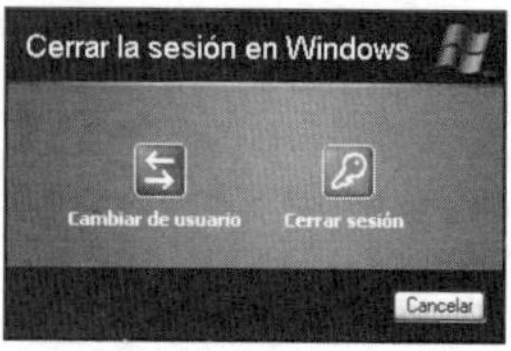

Figura 8.10. Cerrar o intercambiar sesión

2. Hacer clic sobre el botón **Cerrar sesión**; se cerrarán todos los documentos y programas con los que hubiera estado trabajando el usuario y aparecerá la pantalla para que se identifique el próximo usuario.

Cómo abrir una sesión sin cerrar otra

Cuando otro usuario distinto al actual necesita utilizar el ordenador, pero el actual no ha finalizado su trabajo sino que volverá a trabajar en el sistema, lo mejor es que no cierre su sesión de trabajo, ya que de este modo encontrará todo su trabajo tal cual lo deje. El modo de abrir una sesión de trabajo para otro usuario sin cerrar la actual es:

1. Desplegar el menú `Inicio` y hacer clic sobre el botón **Cerrar sesión** situado en la parte inferior derecha del menú; aparecerá el cuadro de diálogo de la figura 8.10.
2. Hacer clic sobre el botón **Cambiar de usuario**; aparecerá la pantalla para que se identifique el próximo usuario. En este caso, Windows habrá guardado la sesión de trabajo del usuario saliente (situación de los documentos y programas con los que estuviera trabajando) para volverla a restaurar cuando el usuario vuelva a abrir su sesión.

Cómo cambiar de una sesión a otra

Por último, si varios usuarios tienen que intercambiarse frecuentemente en un mismo ordenador, lo mejor es que, una vez abiertas sus sesiones de trabajo, las vayan intercambiando sin cerrarlas. De este modo se garantizan poder continuar con el trabajo tal cual lo dejaran en la sesión anterior. Los pasos para intercambiar de sesión son:

1. Desplegar el menú `Inicio` y hacer clic sobre el botón **Cerrar sesión**; aparecerá el cuadro de diálogo de la figura 8.10.
2. Hacer clic sobre el botón **Cambiar de usuario**, e identificarse en la pantalla.

Qué hemos aprendido

- A abrir y distribuir varias ventanas a la vez.
- A trabajar con varios programas a la vez.
- A transferir información entre documentos.
- A pegar imágenes en un documento.
- A visualizar e imprimir un documento.
- A cerrar, abrir e intercambiar sesiones de trabajo.

Ejercicios

1. Abra el Bloc de notas y escriba **El producto de 2050 por 1500 es**.
2. Ejecute la calculadora y realice con ella el resultado de la operación anterior; posteriormente, transfiera el resultado al documento de texto mediante el Portapapeles.
3. Abra el documento de texto **Ardilla común** y el dibujo **Ardilla del País** creados en los ejercicios de la lección anterior.
4. Realice los pasos necesarios para transferir el dibujo a la parte inferior del texto (véase figura 8.11).

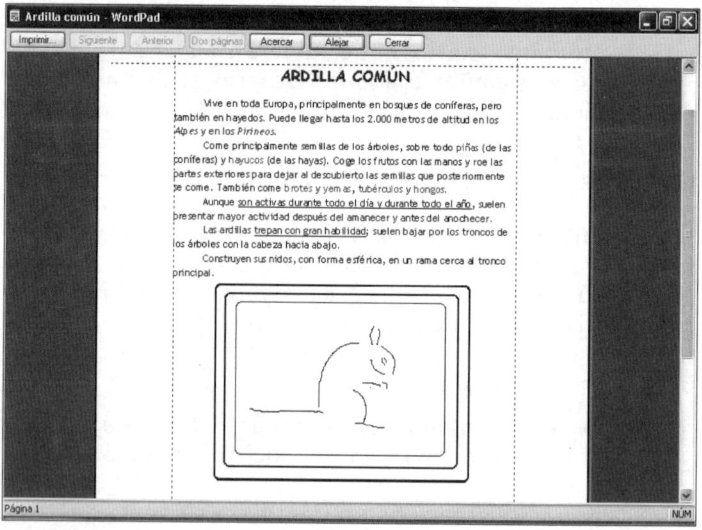

Figura 8.11. Documento `Ardilla común con imagen`

5. Imprima el documento y, finalmente, cierre todas las ventanas abiertas, guardando los cambios realizados en el documento `Ardilla común`.

Lección 9

Multimedia y Juegos en Windows XP

Windows XP ofrece distintas y novedosas posibilidades relacionadas con la tecnología multimedia. En esta lección se tratarán los aspectos más básicos de la misma y su tratamiento en esta nueva versión del sistema operativo.

Por otro lado, en Windows XP se han potenciado los aspectos lúdicos, ofreciéndose distintos juegos, tanto para jugar en modo local como en Internet con otros usuarios, a los que se dedicarán en la lección algunos comentarios.

Sobre la reproducción de sonido en Windows XP

En primer lugar hay que mencionar que la reproducción de sonidos en el ordenador pasa por la presencia de una tarjeta de sonido y unos altavoces en el equipo, todos ellos perfectamente configurados (en lo que se refiere a la tarjeta de sonido Windows XP ayuda sobremanera: está preparado para instalar la práctica totalidad de los dispositivos existentes en el momento de su salida al mercado, en particular las tarjetas de sonido). El lector de CDs o DVDs es también un dispositivo esencial.

Puede instalar (si no lo estuvieran ya) cualquiera de estos dispositivos con la utilidad `Agregar hardware` incorporada en el Panel de control, aunque lo más probable es que el proceso se realice automáticamente sin intervención del usuario.

Para configurar las opciones de la tarjeta de sonido:

1. Abra el Panel de control, por ejemplo en la vista por categorías, y haga clic en `Dispositivos de sonido, audio y voz` (véase figura 9.1).

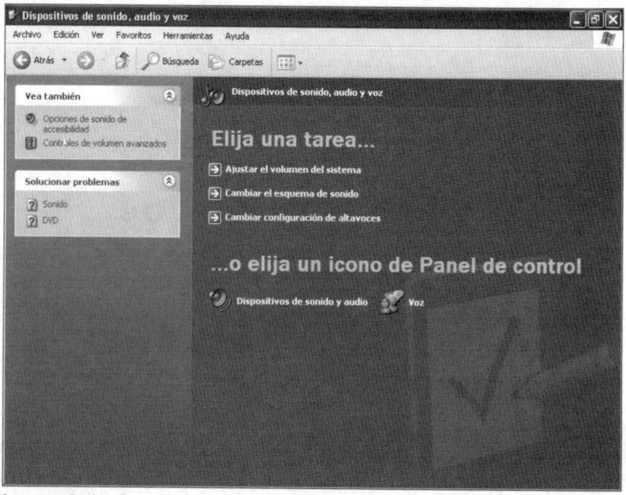

Figura 9.1. Opciones de configuración de sonido, audio y voz

Desde esta ventana se pueden llevar a cabo distintas acciones: ajustar el volumen, cambiar los sonidos asociados a los eventos de Windows (opción `Cambiar el esquema de sonido`), solucionar problemas...

Por ejemplo, para cambiar el sonido de cierre de Windows:

2. Haga clic en la opción `Cambiar esquema de sonido` (véase figura 9.2).
3. Seleccione el suceso como en la figura 9.2.
4. Abra la lista `Sonidos` y elija uno de ella. Haga clic en el botón para escuchar el sonido correspondiente.
5. Haga clic en el botón **Aceptar**.

Qué es Windows Media Player

Windows XP incorpora la última versión del reproductor de multimedia de Microsoft, *Windows Media Player 8*, una potente herramienta que permite, entre otras interesantes capacidades, la reproducción de la práctica totalidad de ficheros de sonido y vídeo existentes en el mercado, en una gran variedad de formatos de vídeo: AVI, MPEG, ASF, MOV... y sonido: WAV, MIDI, MP3, AU... También actúa como reproductor de CDs de música, de vídeos DVD y de radio en vivo en Internet. Finalmente, también se puede utilizar esta aplicación para organizar todos los ficheros multimedia que haya en el equipo.

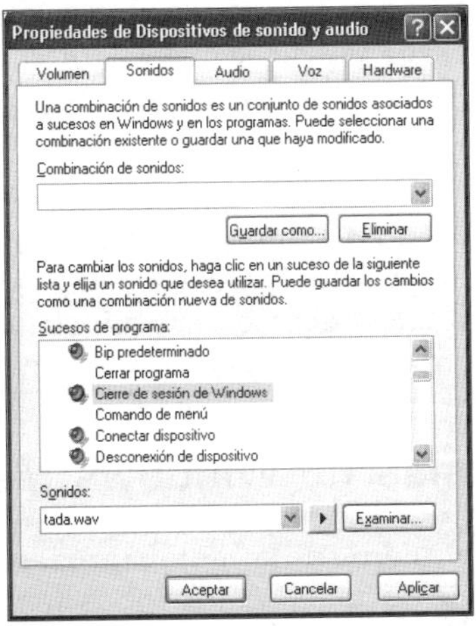

Figura 9.2. Opciones de configuración de sonido, audio y voz

Para abrirlo:

1. Haga clic sobre el botón **Inicio**.
2. Seleccione `Todos los programas / Reproductor de Windows Media` para abrir su ventana como muestra la figura 9.3.

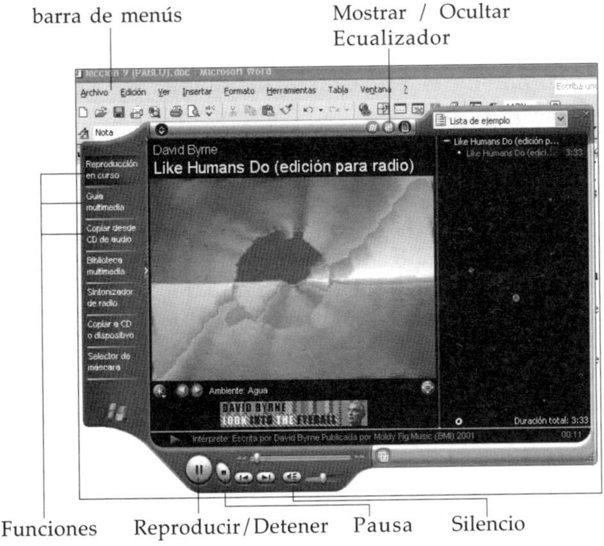

Figura 9.3. Ventana del Reproductor de Windows Media

Otra posibilidad para abrir el reproductor es hacer en el botón  *de la barra de* Inicio rápido.

Como se observa en la figura 9.3, el reproductor presenta en la parte superior la habitual barra de menús, en la parte inferior los botones habituales de cualquier equipo musical y, en el resto de la ventana, otros objetos específicos de la aplicación.

Las funciones de Windows Media Player

En la parte izquierda de la ventana aparece la *barra de tareas* que muestra siete opciones (*funciones* las llama Windows XP): Reproducción en curso, Guía multimedia, Copiar desde CD de audio... con las que realizar diferentes acciones.

- La función Reproducción en curso permite ver, en el caso de un vídeo, las escenas de que consta y, en el caso de un archivo de sonido, una *visualización* del mismo (véanse figuras 9.7 y 9.9).
- La función Guía multimedia se ocupa de localizar ficheros del reproductor en Internet.
- La función Copiar desde CD de audio permite reproducir determinadas canciones de un CD de música y/o copiar algunas de ellas en la Biblioteca multimedia (véase figura 9.8).
- Esta función, Biblioteca multimedia, es un medio para organizar todos los archivos multimedia existentes en el ordenador. La primera vez que se accede a ella es el propio sistema el que se encarga de localizar y organizar los archivos encontrados. Después, es el propio usuario el que puede realizar la tarea manualmente.
- La función Sintonizador de radio permite localizar emisoras de radio que emitan por Internet y disponerlas de forma que el acceso posterior sea más sencillo.
- La función Copiar a CD o dispositivo permite crear CDs a partir de los ficheros almacenados en la biblioteca multimedia, siempre y cuando se disponga de una grabadora instalada en el equipo.
- Finalmente, la función Selector de máscara permite cambiar el aspecto del programa según ~~sea~~ la máscara que se utilice (véase figura 9.6).

Cómo cambiar el aspecto del reproductor

Windows XP ofrece distintos modos de visualizar el reproductor. Por un lado, puede elegirse el modo de visualización completo (véase figura 9.3) o el modo de máscara (véase figura 9.2), modo que se elige así:

1. Abra el menú `Ver` y seleccione la opción `Modo de máscara` (véase figura 9.4). También pude hacer clic sobre el botón de la barra inferior derecha .

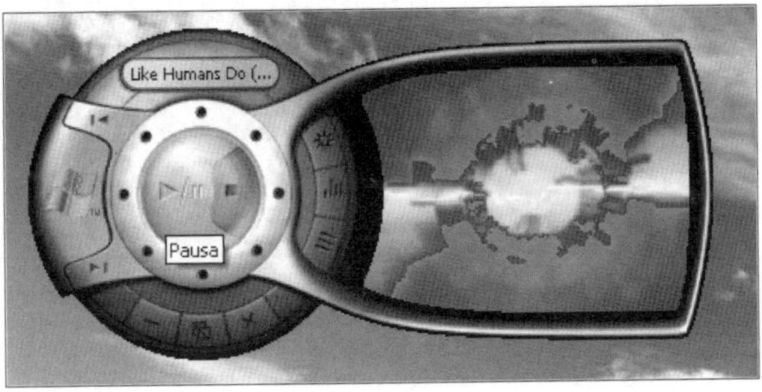

Figura 9.4. Modo de máscara del reproductor

Para volver desde el modo de máscara al modo al modo completo:

2. Haga clic con el botón derecho sobre el reproductor y seleccione la opción `Cambiar a modo completo` del menú contextual.

Por otro lado, en el modo completo de visualización, pueden ocultarse elementos de forma automática como la barra de menús o la barra de tareas:

3. Seleccione `Ver / Opciones de modo completo / Ocultar`... El botón `Ocultar automáticamente la barra de menú` (que pasa a llamarse `Mostrar la barra de menús` cuando se activa), , actúa también como conmutador entre ambas posibilidades. Observe, en la figura 9.5 el aspecto del reproductor sin la barra de menús.

Finalmente, puede elegirse alguna de las mascaras disponibles para el modo compacto. Para ello sólo hay que hacer clic en la función Selector de mascara de la barra de tareas e ir haciendo clic en cada una de las posibilidades hasta localizar la que se prefiera (véase figura 9.6)

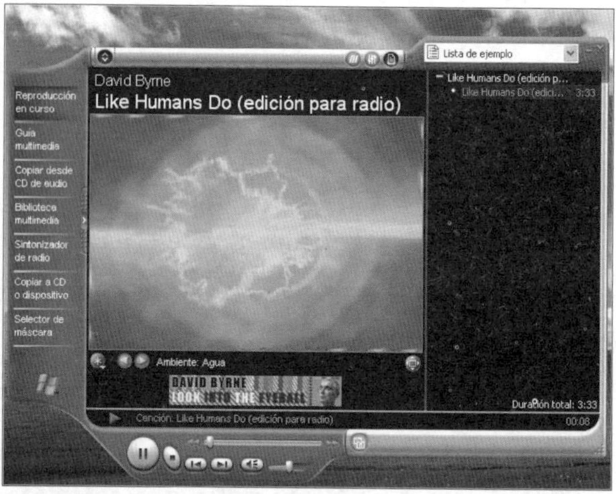

Figura 9.5. Modo de visualización completo sin barra de menús

Figura 9.6. Cambiando de máscara

Para cerrar la ventana del reproductor:

4. Seleccione Archivo / Salir o haga clic sobre el botón **Cerrar**.

Cómo reproducir CDs musicales

La reproducción de un CD de música es sencilla:

1. Inserte un CD de audio en el lector.

Si la ventana del reproductor Windows Media está abierta, se escucharán las canciones (pistas) que contiene (véase figura 9.7).

Si no estuviera abierta, aparecerá un cuadro de diálogo, Audio CD, preguntando si se desea su reproducción con Windows Media Player o la visualización de su contenido en el Explorador. En ese caso:

2. Marque la casilla Realizar siempre la acción determinada si, estando seleccionada la opción de reproducir el CD con Windows Media Player, desea que esto se mantenga en lo sucesivo.
3. Haga clic en el botón **Aceptar**.

En la ventana del programa se observará la activación de la función Reproducción en curso y aparecerán, si se introducen, o se está conectado a Internet, el nombre del intérprete, los títulos del CD y de la canción, además de una serie de figuras geométricas coloreadas que varían al ritmo de la música (véase figura 9.7).

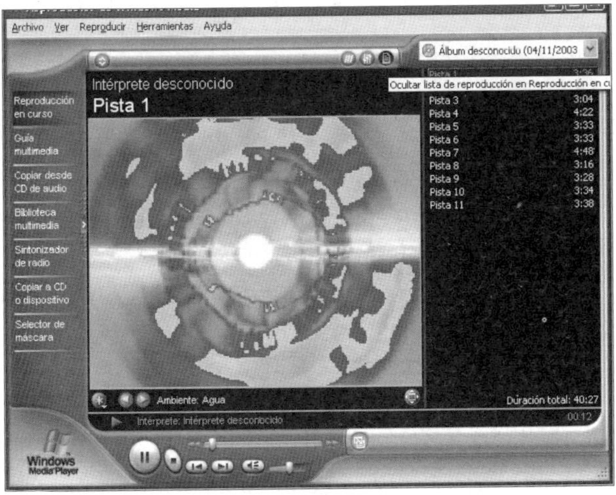

Figura 9.7. Reproducción de un CD de música

> *Si selecciona* `Herramientas / Opciones`*, y en el cuadro de diálogo que aparece activa la ficha* `Visualizaciones`*, podrá elegir otra colección de figuras geométricas para su reproducción en la ventana de Media Player.*

Otras operaciones habituales con el reproductor

El reproductor multimedia se comporta en la práctica como cualquier otro reproductor físico existente con algunas prestaciones añadidas. Por ejemplo, las opciones que brinda un reproductor convencional respecto a la variación de volumen son también posibles aquí, pero se puede elegir un orden aleatorio de reproducción de temas, se puede crear una lista de reproducción, etc. En concreto, para aumentar o disminuir el volumen del sonido:

1. Seleccione `Reproducir / Volumen` y la opción que corresponda.

> *Puede subirse o bajarse el volumen pulsando las teclas **<F10>** y **<F9>** respectivamente. De forma alternativa se puede utilizar la barra de desplazamiento del área inferior .*

Para reproducir el CD continuamente o de un modo aleatorio, saltar canciones, etc.:

2. Abra el menú `Reproducir` y la opción correspondiente.

Para visualizar (ocultar) la lista de canciones del CD:

3. Haga clic en el botón **Mostrar (ocultar) lista de reproducción** .

Para copiar al disco duro las canciones del CD que se deseen:

4. Activar la función `Copiar desde CD de audio`, haciendo clic en ella.
5. Marcar las casillas correspondientes a las canciones que se quiere guardar (véase figura 9.8).
6. Hacer clic sobre el botón **Copiar música**. Las canciones se guardarán en la carpeta `Mi Música`, en formato WMA.

Figura 9.8. Copia a ficheros de canciones del CD

Cómo reproducir ficheros de sonido y vídeo

Una vez abierta la ventana del reproductor, puede reproducir un archivo de sonido (WAV, MID, MP3, AIFF...) o de vídeo (ASF, AVI, WMV, MOV...) de la forma habitual en Windows:

1. Seleccione `Archivo / Abrir`.
2. Seleccione el fichero de la carpeta en la que se encuentre (en la figura 9.9 se está reproduciendo el fichero `Archivo de muestra de Windows Movie Maker` de la carpeta `Mis documentos\Mis vídeos`).

Qué es Windows Movie Maker

Windows XP incorpora la utilidad *Windows Movie Maker* para crear películas a partir de distintas fuentes: grabaciones de audio y vídeo analógicas y digitales, ficheros de audio y vídeo importados...

Para ello es necesario también el hardware correspondiente, fundamentalmente una capturadota de vídeo o una videocámara digital.

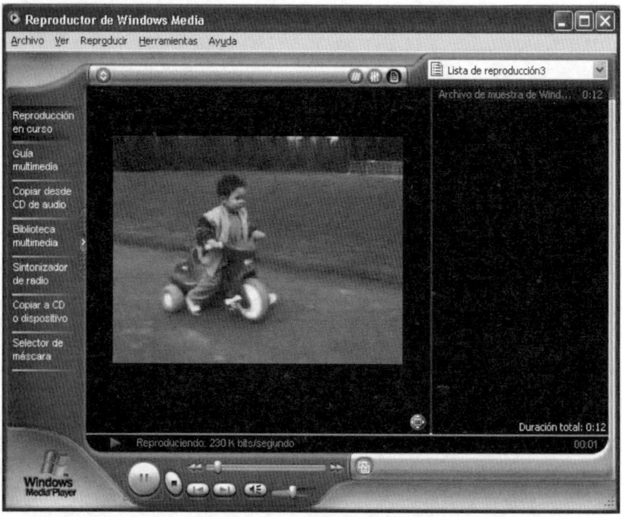

Figura 9.9. Reproducción de un fichero de vídeo

Para iniciar la aplicación:

1. Despliegue el menú `Inicio` y seleccione `Todos los programas / Accesorios / Windows Movie Maker`. Aparecerá la ventana del programa.

En la figura 9.10 se muestra la ventana en la que se están editando los fotogramas del vídeo de ejemplo de Windows XP, concretamente se están colocando en otro orden. Una vez guardada la película resultante, como cualquier otro documento, y visionada de nuevo, el resultado sería la misma reproducción de la figura 9.9 con el nuevo orden elegido. En realidad es el propio usuario el que sabrá sacar partido de la aplicación a partir de sus propio material.

2. Cierre la ventana de Windows Movie Maker.

Qué es la Grabadora de sonidos

La grabadora de sonidos es una herramienta incorporada a Windows XP que permite crear, si dispone de micrófono, sonidos en formato WAV, aunque también puede ser utilizada para reproducir. Para ejecutar la aplicación:

1. Haga clic sobre el botón `Inicio`, y seleccione `Todos los programas / Accesorios / Entretenimien-`

to / `Grabadora de sonidos` para abrir su ventana como muestra la figura 9.11.

Figura 9.10. Ventana de Windows Movie Maker

Para grabar un sonido en un archivo:

2. Haga clic sobre el botón **Grabar** .
3. Hable por el micrófono y, para terminar, haga clic sobre el botón **Detener** .
4. Compruebe el sonido grabado haciendo clic sobre el botón **Reproducir** .
5. Guarde, si lo desea, el sonido en un fichero seleccionando `Archivo` / `Guardar`, eligiendo una carpeta como ubicación y escribiendo un nombre para el archivo.
6. Cierre la ventana de la aplicación, por ejemplo seleccionando `Archivo` / `Salir`.

Cómo se trabaja con una cámara digital

Windows XP permite trabajar fácilmente con cámaras digitales si se dispone de este dispositivo. En general, cuando se conecte al equipo, el sistema la instalará automáticamente (vía Internet si fuera necesario), aunque el asistente que se abre permite ir por caminos alternativos (es decir, instalarla con el propio software que incorpora). Después creará una nueva unidad con el contenido de la memoria de la cámara, pudiéndose trabajar con ella como si de una unidad de disco más se tratara. En la figura 9.12 se muestra la unidad creada con una Kodak DC-4800 y el contenido de la tarjeta de memoria de ésta. La visualización de las imágenes, la copia a otra carpeta del disco, etc., resulta análoga a lo ya explicado en las lecciones 5 y 6.

Figura 9.11. Grabadora de sonidos

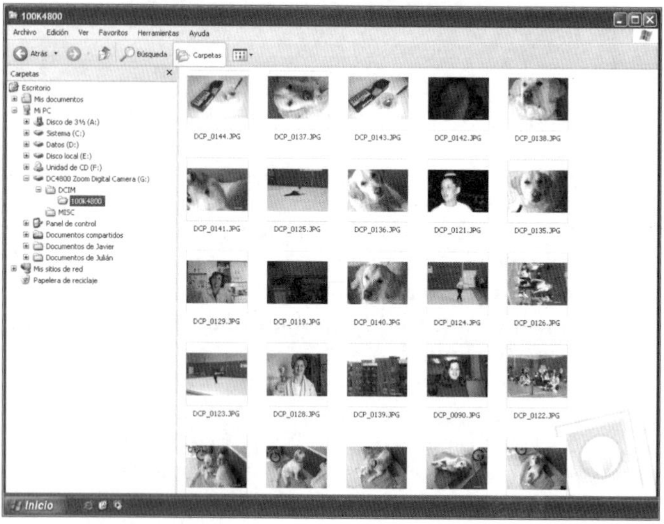

Figura 9.12. Trabajando con una cámara digital

Los juegos de Windows XP

Como se ha mencionado, Windows XP incorpora hasta 11 juegos diferentes, algunos de ellos sólo accesibles si se dispone de acceso a Internet, para responder a las necesidades lúdicas de cada usuario; algunos de estos juegos son tan clásicos y conocidos como el Solitario o el Buscaminas.

Para arrancar cualquiera de ellos:

1. Despliegue el menú `Inicio` y seleccione `Todos los programas` / `Accesorios` / `Juegos`.
3. Elija el que desee del menú que se ofrece (véase figura 9.13).

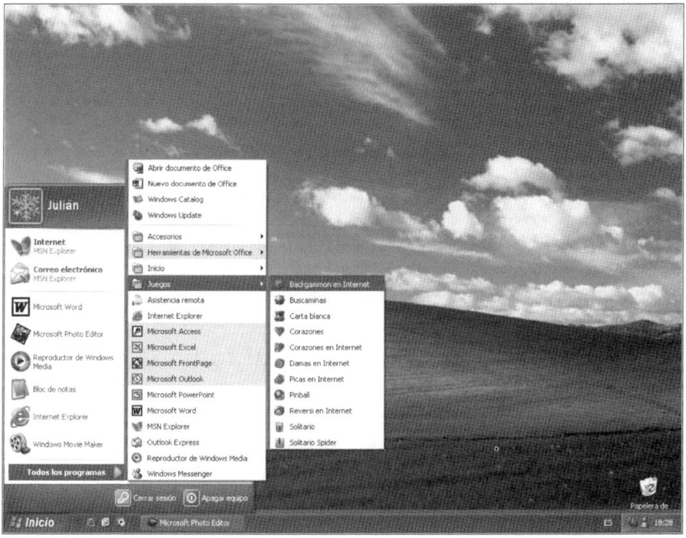

Figura 9.13. Juegos de WindowsXP

En la figura 9.14 se puede observar el juego del Solitario (cuyo objetivo es reunir las cincuenta y dos cartas).

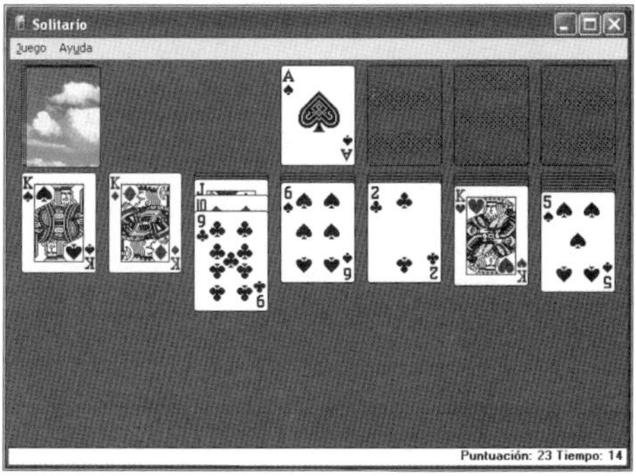

Figura 9.14. Solitario

Qué hemos aprendido

- A utilizar el reproductor Windows Media Player.
- A reproducir ficheros de sonido y vídeo en distintos formatos.
- A utilizar la Grabadora de sonidos.
- A trabajar con una cámara digital.
- A saber qué juegos incorpora Windows XP.

Ejercicios

1. Cambie el aspecto del reproductor eligiendo la máscara `Radio`.
2. Ejecute un fichero de sonido de la carpeta `Media` incluida en `Windows`. Ejecute también algunos de los que están disponibles en la carpeta `Mis documentos` / `Mi Música`.
3. Localice ficheros de vídeo en el disco duro y reprodúzcalos.
4. Grabe un sonido y guárdelo en la carpeta `Mis documentos`. Averigüe sus propiedades.
5. Realice un "Paseo por el Reproductor de Windows Media", abriendo el menú Inicio, seleccionando la opción Ejecutar, escribiendo **%windir%\help\tours\WindowsMediaPlayer\wmptour.hta** y haciendo clic en el botón **Aceptar**.

Lección 10

Internet

Windows XP ofrece distintas y novedosas posibilidades relacionadas con la tecnología multimedia. En esta lección se tratarán los aspectos más básicos de la misma y su tratamiento en esta nueva versión del sistema operativo.

Por otra parte, no podían dejar de tratarse en el libro las facilidades que ofrece Windows XP para acceder a Internet, y las características que tiene el navegador incorporado en el programa, Internet Explorer 6.

Cómo instalar un módem

Después de la instalación física del módem (bien abriendo la carcasa del ordenador y añadiendo la tarjeta correspondiente al módem interno, bien conectándolo al puerto serie, en el caso de módem externo), si el módem tiene la característica *Plug&Play* (Conectar y listo), cuando arranque Windows XP, el sistema lo reconocerá y lo instalará automáticamente. En caso contrario, hay que indicar al sistema operativo sus características como en cualquier otro dispositivo:

1. Abra el menú `Inicio`.
2. Seleccione `Configuración / Panel de Control` y active la vista clásica.
3. Haga doble clic sobre el icono `Opciones de teléfono y módem` y, en el cuadro de diálogo que surge, active la ficha Modems.
4. Haga clic en el botón **Agregar** y siga las instrucciones del asistente que se abre. Al final aparecerá el módem en el cuadro de diálogo `Opciones de teléfono y módem` (véase figura 10.1).

Figura 10.1. Módem instalado

> *Cuando el módem esté instalado, puede realizar un diagnóstico del mismo para comprobar si funciona correctamente. Para ello, desde el cuadro de diálogo* `Opciones de teléfono y módem`*, haga clic en el módem y en el botón* ***Propiedades****, abra la ficha* `Diagnóstico` *y haga clic en el botón* ***Consultar módem****.*

Cómo definir una conexión

Windows XP instala por defecto los elementos imprescindibles para conectarse a Internet. El paso a dar por el usuario es crear la conexión con "el proveedor de acceso a Internet", es decir, con la figura intermediaria entre él y la "red de redes". Antes deberá obtener de dicho proveedor los siguientes datos:

- El número de teléfono de acceso. Este número dependerá del proveedor y de la provincia desde donde se conecta a Internet.
- El nombre de usuario y la contraseña.
- La dirección de correo electrónico.
- Los nombres de los servidores de correo entrante (POP) y saliente (SMTP), si es que quiere enviar y recibir mensajes de correo electrónico utilizando un gestor de correo como Outlook Express.

- Nombre de la cuenta POP y la contraseña, para leer el correo que llegue al buzón.
- El nombre del servidor de noticias en el que están depositados los "artículos" de *news*.

Conseguidos estos datos, puede ejecutar el asistente para la creación de la conexión a Internet. Siga estos pasos:

1. Haga clic sobre el botón `Inicio`.
2. Seleccione `Todos los programas / Accesorios / Comunicaciones / Asistente para conexión nueva` para abrir su ventana como muestra la figura 10.2 y haga clic en el botón **Siguiente**.

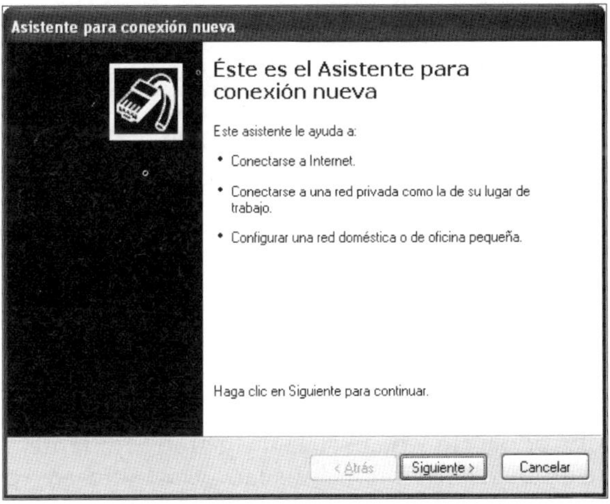

Figura 10.2. Asistente para la conexión a Internet

3. Elija la opción deseada respecto al tipo de conexión que se quiere crear –véase figura 10.3-. En nuestro caso, se elegirá la primera, así que haga clic en el botón de opción y en el botón **Siguiente**.
4. En el siguiente cuadro de diálogo del asistente, hay que elegir la opción que corresponda al caso en el que se esté: ¿se quiere localizar el proveedor de acceso a Internet en una lista ofrecida por el programa? ¿Se quiere configurar la conexión manualmente? ¿O bien el proveedor ya le ha proporcionado el CD que crea la conexión automáticamente? Aquí se elegirá la más general: la segunda. Así pues, selecciónela y haga clic en el botón **Siguiente**.

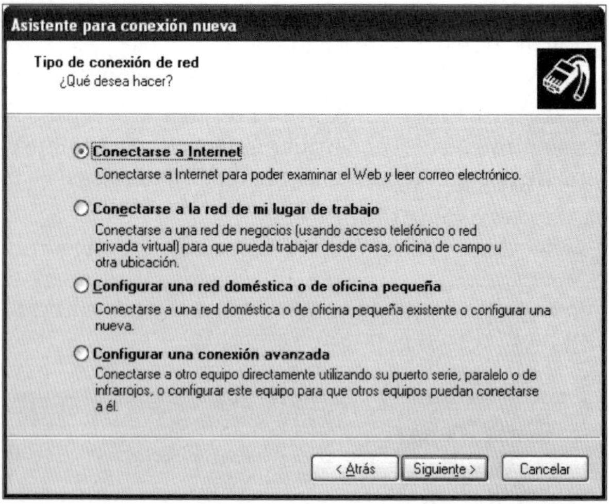

Figura 10.3. Tipos de conexión

5. Haga clic en el botón **Siguiente** en el nuevo cuadro de diálogo si, como suele ser lo habitual, realiza la conexión a través de una línea telefónica, primera opción y seleccionada por defecto.
6. Escriba un nombre para identificar la conexión y haga clic en el botón **Siguiente**.
7. Aparecerá entonces el cuadro para introducir el número de teléfono para acceder al proveedor correspondiente. Introdúzcalo y haga clic en el botón **Siguiente**.
8. Introduzca el nombre de usuario y la contraseña (por dos veces) y elija las opciones que desee de las tres ofrecidas, por ejemplo, que esta conexión sea la predeterminada en caso de que cree otras. Después, haga clic sobre el botón **Siguiente**.
9. Especifique en la ventana final del asistente si desea que se cree un acceso directo en el escritorio y haga clic sobre el botón **Finalizar**.

Cómo utilizar la conexión

Una vez definida la conexión, puede utilizarla haciendo en primer lugar doble clic en su icono de acceso directo en el escritorio, si es que así lo especificó durante la creación de la conexión. Pero si no lo hizo, el procedimiento general puede ser éste:

1. Haga clic sobre el botón `Inicio`.
2. Seleccione `Todos los programas / Accesorios / Comunicaciones / Conexiones de red` para abrir el cuadro de diálogo que muestra las existentes como en la figura 10.4.

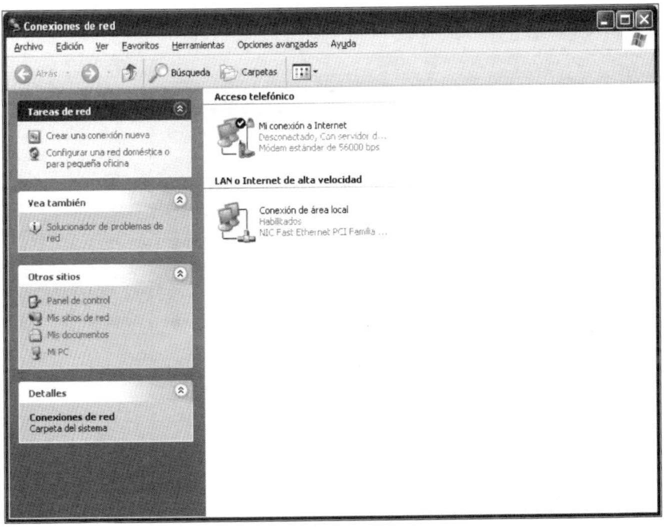

Figura 10.4. Cuentas creadas

3. Haga doble clic en la cuenta y, en el cuadro de diálogo que aparece (véase figura 10.5), en el botón **Marcar**.

Se establecerá la conexión, lo que se pondrá de manifiesto por la aparición de un icono de módem en la barra de tareas. Si se sitúa el puntero del ratón sobre él, se podrá conocer el número de bytes enviados y recibidos desde el inicio de la conexión. Para ver estos y otros datos con más detalle puede hacer doble clic sobre él. ¡Ya está en disposición de utilizar las herramientas de Internet!

Aunque el procedimiento seguido bastará en la mayoría de los casos para establecer la conexión, pudiera ocurrir que hubiera que introducir algunos datos manualmente, por ejemplo la dirección de los servidores DNS que traducen las direcciones introducidas de la forma `www.algo.es` *en la correspondiente numérica como 122.122.133.133. Para ello habrá que*

pulsar el botón derecho sobre la conexión en el cuadro de diálogo `Conexiones de red`, *elegir la opción* `Propiedades`, *abrir la ficha* `Funciones de red`, *hacer doble clic en* `Protocolo Internet (TCP/IP)` *e introducir las direcciones de los servidores DNS proporcionados por el proveedor.*

Figura 10.5. Cuadro de diálogo para identificarse ante el proveedor de Internet

No se olvide de pulsar el botón derecho del ratón sobre el icono y seleccionar Desconectar, cuando finalice la sesión.

Qué programas incorpora Windows XP para Internet

Windows XP incorpora las herramientas imprescindibles para llevar a cabo los servicios más demandados de Internet:

- `Internet Explorer`. Es el navegador, es decir, un programa con el que se puede acceder a las páginas Web (nombre común de los documentos de World Wide Web).
- `Outlook Express`. Fundamentalmente, un programa gestor de correo y de noticias, lo que permite trabajar de

forma unificada con los mensajes de correo y los procedentes de los foros de debate.

- Windows Messenger. Este programa permite definir contactos (amigos o compañeros que se conectan a Internet) con la finalidad de saber cuáles de ellos están en línea en un momento dado y, si lo están, enviarles mensajes, charlar con ellos...
- MSN Explorer. Se trata de una interfaz especial que permite configurar aquellos servicios que se usan con más frecuencia: por ejemplo, podría acceder a su correo en Hotmail, contactar con otros usuarios de Messenger, escuchar canciones y ver películas, o recibir la información que interese de WWW de forma unificada.

Cómo arrancar Internet Explorer

Para arrancar el navegador que permite acceder a los distintos sitios de Internet:

1. Haga clic sobre el botón **Inicio**.
2. Haga clic en la opción Internet Explorer o, si no apareciera dicha opción en la parte superior izquierda del menú, seleccione Todos los programas / Internet Explorer. Aparecerá su ventana como muestra la figura 10.6. En caso de no estar conectado a Internet aparecerá previamente la ventana de conexión con el proveedor en la que, tras la identificación, debe hacer clic sobre el botón **Marcar**.

También puede arrancarse Internet Explorer haciendo clic sobre el icono de la barra de herramientas Inicio rápido.

Cómo conectar con un sitio Web

Realmente, la operación más importante a realizar con Internet Explorer es acceder a un sitio Web determinado del que se conoce su dirección, lo que se puede realizar de formas alternativas, por ejemplo:

1. Seleccione Archivo / Abrir (o pulse <**Control-A**>).

2. Escriba la dirección, por ejemplo, `http://www.anayamultimedia.es`, aunque se pueden omitir los caracteres http://, en el cuadro de diálogo que aparece (véase figura 10.7).
3. Haga clic en el botón **Aceptar**.

Figura 10.6. Ventana del navegador Internet Explorer

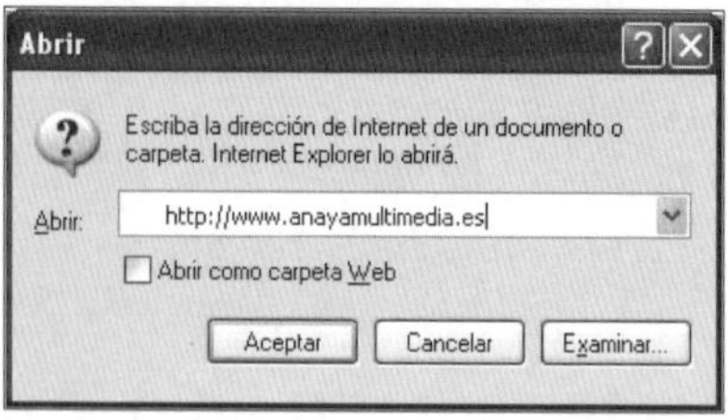

Figura 10.7. Introduciendo la dirección Web

Otra forma de acceder a un sitio Web es la siguiente:

4. Haga clic en la barra Dirección (se resaltará en vídeo inverso la dirección anterior), y escriba la dirección.
5. Pulse <**Intro**> o haga clic en el botón Ir.

En cualquier caso, se producirá la transferencia de la información al ordenador local y se visualizará la página Web como en la figura 10.8.

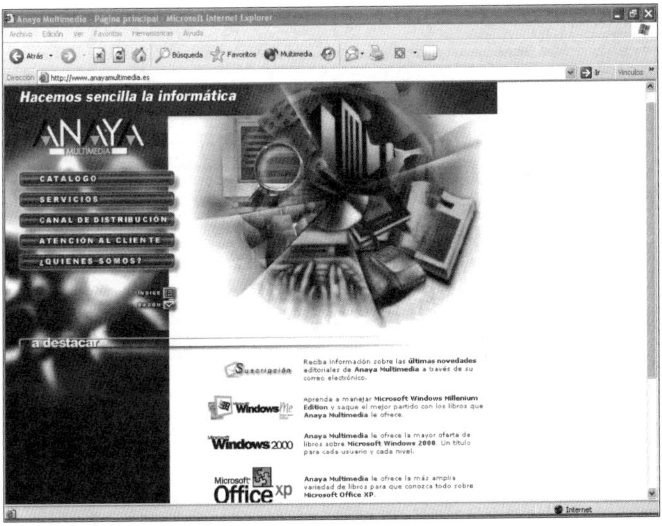

Figura 10.8. Página Web a la que se ha accedido

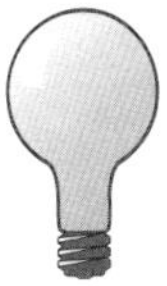

Para buscar direcciones sobre un tema concreto, puede visitar sitios especiales conocidos como "buscadores", por ejemplo: Google (www.google.com), Altavista (www.altavista.com), Yahoo (www.yahoo.com o es.yahoo.com)...

Aunque no tenga conexión a Internet, podrá utilizar Internet Explorer para visualizar numerosos documentos que ya se proporcionan, por distintos medios, en formato HTML (lenguaje de los documentos de hipertexto o páginas Web).

Qué es un hipervínculo

El siguiente dato fundamental para navegar es observar que, en las páginas que se visitan, hay texto resaltado de forma especial o elementos gráficos que, al hacer clic sobre ellos, conducen a la visualización de otra página Web. Son los denominados *hipervínculos* o enlaces (*links*) y se reconocen porque, al situar el puntero del ratón sobre ellos, éste se convierte en una mano. Por ejemplo, haciendo clic sobre los hiperenlaces adecuados de la figura 10.8, podría accederse a datos sobre la versión anterior de este libro (véase figura 10.9).

Figura 10.9. Documento de hipertexto obtenido por hiperenlaces

Algunas direcciones de periódicos en Internet que puede visitar son:

El País: http://www.elpais.es; El Mundo: http://www.elmundo.es; ABC: http://www.abc.es; La Razón: http://www.larazon.es; El Periódico: http://www.elperiodico.es; y AS: http://www.diarioas.es.

Barras de herramientas

Finalmente, un tercer dato a tener en cuenta es que la utilización de las barras de herramientas (similares a las descritas en lecciones anteriores) facilitan la navegación en Internet, por cuanto permiten realizar operaciones habituales como las de visitar un sitio prefijado, ir a páginas anteriores, ir a la primera página, añadir a favoritos... de forma rápida. A continuación se describen sucintamente algunos de los botones de la barra de botones estándar:

Tabla 10.1. Algunos botones de la barra de herramientas estándar

Nombre	*Función*	*Menús*	*Teclado*
Atrás	Retrocede a la página anterior	Ver / Ir a / Atrás	**<Alt-Flecha izda.>**
Adelante	Avanza a la página siguiente	Ver / Ir a / Adelante	**<Alt-Flecha dcha.>**
Detener	Detiene la conexión con el servidor	Ver / Detener	**<Esc>**
Actualizar	Actualiza la página activa	Ver /Actua-lizar	**<F5>**
Inicio	Visualiza la página inicial	Ver / Ir a / Página de inicio	**<Alt-Inicio>**
Correo	Permite enviar mensajes, leer el correo	Herramientas / Correo y noticias...	
Imprimir	Imprime el documento activo	Archivo / Imprimir	**<Control-P>**

Si se hace clic con el botón derecho sobre la barra de herramientas y se elige la opción `Personalizar`, se abrirá un cuadro de diálogo desde el que es intuitivo el añadir o eliminar botones a la barra de herramientas inicial. Por ejemplo, se puede añadir el botón `Vista previa`, que permite obtener en pantalla el resultado impreso de la página Web activa (véase figura 10.10).

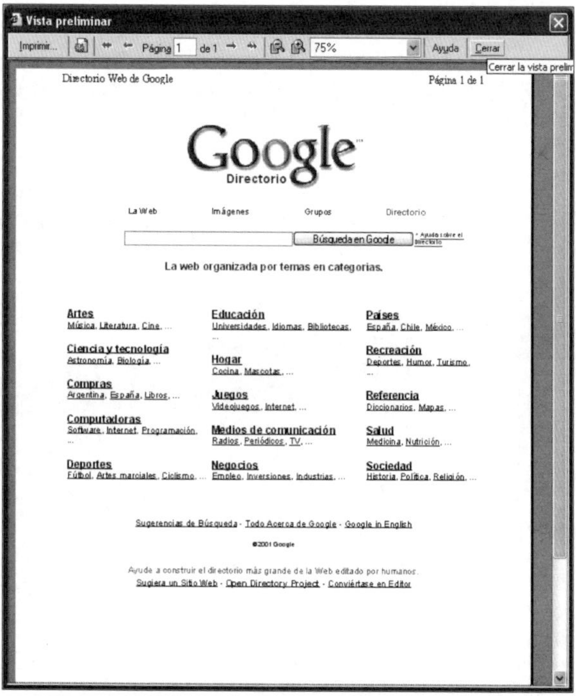

Figura 10.10. Vista previa de una página Web

Cómo cerrar Internet Explorer

La aplicación se cierra como cualquier otra de Windows XP, por ejemplo de esta forma:

Seleccione `Archivo / Cerrar`.

Recuerde que, si está conectado a Internet, deberá realizar la desconexión desde el menú contextual del icono a la derecha de la barra de tareas.

Qué es Outlook Express

Como ya se ha dicho, Outlook Express es la herramienta de Windows XP para enviar y recibir mensajes de correo electrónico. También permite acceder a los miles de grupos de noticias existentes.

Para arrancar el programa:

1. Haga clic sobre el botón **Inicio**.
2. Haga clic en la opción `Outlook Express` o, si no apareciera dicha opción en la parte superior izquierda del menú, seleccione `Todos los programas / Outlook Express`.

La primera vez que se inicia el programa se entrará en un asistente para configurarlo (véase en la figura 10.11 el primer cuadro de diálogo), partiendo de los datos proporcionados por el proveedor de acceso a Internet:

3. Escriba su nombre y haga clic en el botón **Siguiente** (véase figura 10.11).

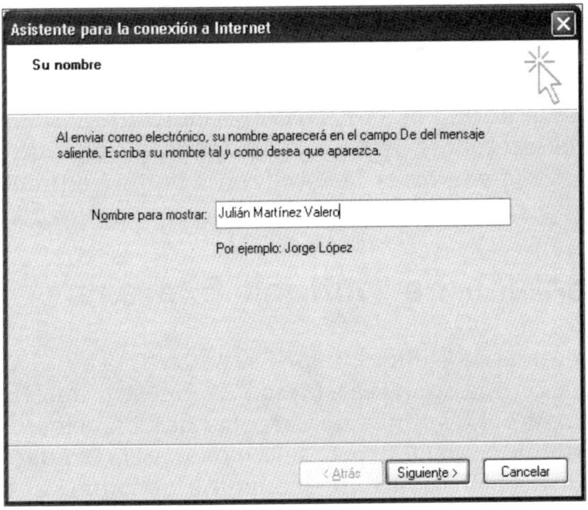

Figura 10.11. Asistente para la creación de una cuenta de correo

4. Escriba su dirección de correo electrónico, algo así como `jperez@proveedor.es` y haga clic en el botón **Siguiente**.
5. Escriba las direcciones de los dos servidores solicitados (véase figura 10.12):

- donde recibirá el correo (que puede ser algo así como pop3.proveedor.es) - donde se depositarán los mensajes que envíe (podría ser similar a smtp.proveedor.es). Después, haga clic en el botón **Siguiente**.

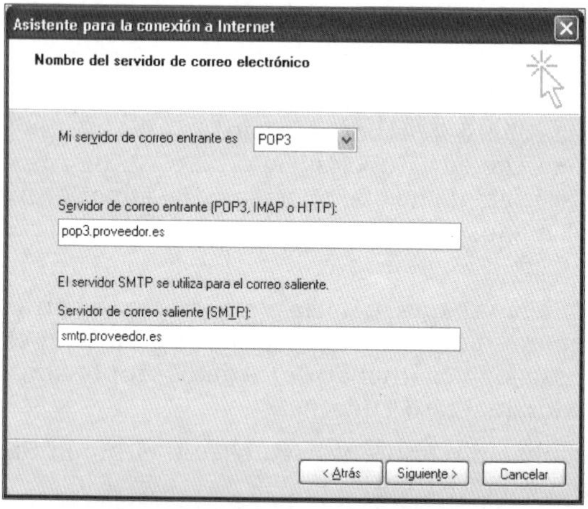

Figura 10.12. Servidores de correo

6. Introduzca el nombre de la cuenta (suele ser el que figura a la izquierda del carácter @ de la dirección y ya se verá en el cuadro de diálogo) y la contraseña (con la posibilidad de que la recuerde en el futuro, algo que como regla general no debería activarse). Haga clic en el botón **Siguiente**.
7. Haga clic en el botón **Finalizar** (véase figura 10.13).

La ventana de Outlook Express

La ventana de Outlook Express (véase figura 10.13), en su presentación más general –la que se muestra inicialmente- presenta diferentes zonas: de Carpetas, de Contactos, de mensajes contenidos en la carpeta seleccionada a la izquierda y de contenido del mensaje activo, que, junto a los botones de la barra de herramientas y la barra de menús, proporcionan una manera rápida e intuitiva de operar.

Algunas operaciones básicas

Desde la ventana del programa de correo se pueden realizar innumerables operaciones que tienen que ver con aspectos estéticos, técnicos u operativos. Describiremos a continuación las tres operaciones más básicas:

- Para enviar un mensaje hay que seleccionar `Mensaje / Mensaje nuevo` (o hacer clic en el botón **Crear correo**

de la barra de herramientas), escribir la dirección del destinatario, el asunto del mensaje y el texto del mismo como en la figura 10.14. Después hay que hacer clic en el botón **Enviar**.

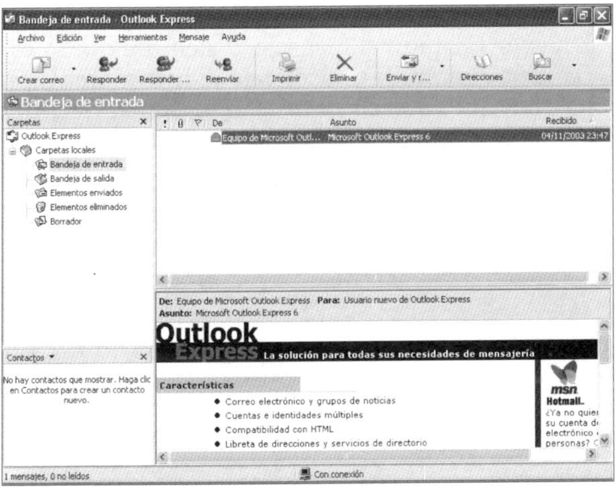

Figura 10.13. Ventana principal del programa

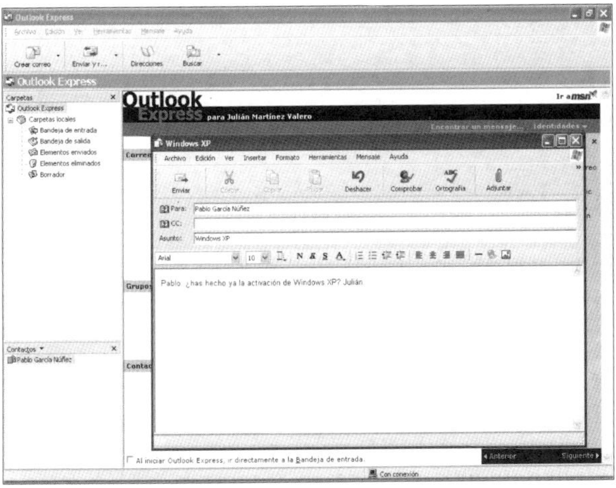

Figura 10.14. Componiendo un mensaje

- Para leer el correo hay que seleccionar `Herramientas / Enviar y recibir` y hacer clic en la cuenta de correo que se quiere consultar. También puede hacer clic en el botón **Enviar y recibir**  de la barra de herramientas. Los mensajes recibidos aparecerán en la carpeta Bandeja de entrada y, hasta que no se lean como se indica a continuación, permanecerán resaltados en negrita (véase figura 10.15).

- Una vez recibido el mensaje, y siempre que la carpeta Bandeja de entrada esté seleccionada en el área Carpetas, sólo hay que hacer clic en él (o doble clic para leerlo en una ventana independiente) en la ventana superior derecha para leer su contenido.

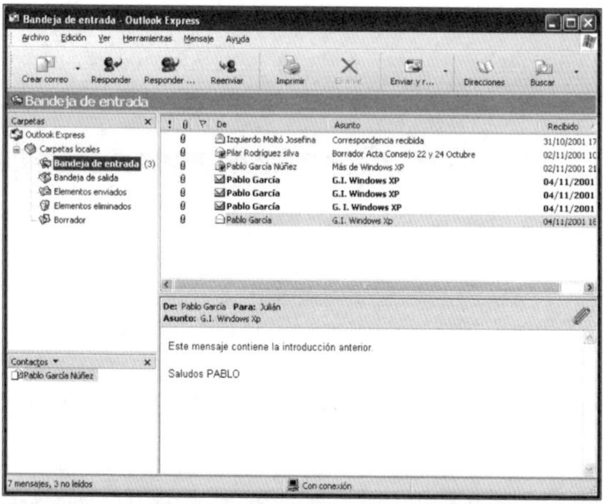

Figura 10.15. Ventana principal del programa

Ejercicios

1. Visite la página http://www.el-castellano.com y copie parte del texto de un documento en un documento de texto. Después visite la página http://www.louvre.fr/ y copie alguna imagen a un documento de texto.
2. Localice en el disco duro ficheros de extensión HTM (o HTML) y visualícelos con Internet Explorer.
3. Visite la página de dirección www.themeworld.com y pruebe a conseguir un tema para Windows XP. Después, visite la página de dirección www.windrivers.com y compruebe si alguno de sus dispositivos tiene *drivers* actualizados.
4. Envíese un mensaje a sí mismo.
5. Investigue el uso de Windows Messenger.

Apéndice A

Soluciones a los ejercicios

Lección 1

1. Fundamentalmente, un Pentium II o similar a 300 MHz, 128 MB de RAM y 1,5 GB de espacio en disco.
2. Una sobre todo: el deseo de trabajar con los dos sistemas operativos según la tarea a realizar: el anterior con el que ya se está familiarizado, y el nuevo, del que todavía se desconocen sus prestaciones y rendimiento.
3. Haga clic en el menú `Inicio` y en la opción `Ayuda y soporte en línea`, vuelva a hacer clic en el botón `Índice` y escriba `mouse`; finalmente, haga clic en `Información general` cuando aparezca el subtema.
4. Si no localiza el icono que inicia el paseo en la bandeja de iconos (a la derecha en la barra de tareas), haga clic en el botón `Inicio`, y clic de nuevo y sucesivamente en las opciones `Todos los programas`, `Accesorios` y `Paseo por Windows XP`.
5. Acceda a la ventana principal de la ayuda y, en el área `Elegir una tarea`, haga clic en `Utilice Herramientas para ver...`; después, haga clic en `Información de MI PC`, y en `Ver información general de mi sistema`.

Lección 2

1. Cuando se minimiza una ventana de aplicación, el programa seguirá ejecutándose, mientras que si se cierra también lo hará el programa.
2. Las frases completas son:

- Cuando una opción de menú se muestra en gris tenue, significa que no se puede utilizar.
- Al hacer clic sobre una opción de menú que presenta tres puntos suspensivos, aparecerá un nuevo menú.
- Existen algunas opciones de menú que pueden estar activadas o no; cuando lo están se identifican por presentar, a su izquierda, una marca de verificación.

3. Ambos elementos sirven para activar opciones; la diferencia entre ellos es que de los botones que se presenten agrupados, sólo será posible activar uno, mientras que las casillas pueden activarse o desactivarse las que se quieran.
4. Los menús contextuales están asociados a los objetos y engloban las opciones para realizar las acciones más frecuentes con ellos; se obtienen pulsando el botón derecho sobre los objetos.
5. Ese botón permite ocultar o visualizar los iconos que estén inactivos de la *bandeja de iconos*. En la próxima lección encontrará más información acerca de esta bandeja de iconos.

Lección 3

1. Para averiguar la resolución de su pantalla debe activar la ficha `Configuración` del cuadro de diálogo `Propiedades de Pantalla`, que se activa seleccionando la opción `Propiedades` del menú contextual del Escritorio.
2. Un tapiz es una imagen o un documento HTML que se coloca en el fondo del escritorio. Para activar un tapiz hay que seleccionarlo de la lista existente en la ficha `Escritorio` del cuadro de diálogo `Propiedades de Pantalla`.
3. Active la ficha `Protector de pantalla` del cuadro de diálogo `Propiedades de Pantalla`; seleccione los distintos protectores de la lista y haga clic sobre el botón **Vista previa** para comprobar sus aspectos; cuando le guste uno, déjelo seleccionado, modifique el tiempo de espera a 3 minutos y haga clic sobre el botón **Aceptar**.
4. Para situar la Barra de tareas en otro lateral basta con arrastrarla (por cualquier punto de su región gris) hasta él, pero tenga en cuenta que no puede estar activada la opción `Bloquear la barra de tareas`.

5. Pulse el botón derecho del ratón sobre un punto vacío de la barra de tareas, seleccione la opción `Propiedades` del menú contextual, active la ficha `Opciones avanzadas` del cuadro de diálogo y la opción `Mostrar los documentos abiertos recientemente`; finalmente, haga clic sobre el botón **Aceptar**.

Lección 4

1. Abra la carpeta `Panel de control` y haga clic sobre `Impresoras y otro hardware` y `Mouse`, para activar el cuadro de diálogo. Active la opción `Intercambiar botones primario y secundario` existente en la ficha `Botones` y haga clic sobre el botón **Aplicar**. Compruebe el resultado en el área de prueba y, posteriormente, vuelve a restaurar la situación inicial desactivando la opción (recuerde que los botones están cambiados).
2. Siga los pasos para acceder al cuadro de diálogo; compruebe que la moneda es el *euro* y, si no fuera así, elíjala de la lista desplegable correspondiente. Posteriormente, haga clic sobre el **Aceptar** para cerrar el cuadro de diálogo.
3. Una vez abierto el Panel de control, haga clic, sucesivamente, sobre la categoría `Impresoras y otro hardware` y sobre el enlace `Ver impresoras o impresoras de fax instaladas`; posteriormente, haga clic sobre la impresora y sobre la opción `Configurar propiedades de impresora`.
4. Para configurar el teclado deberá hacerlo en el cuadro de diálogo que se activa al seleccionar el enlace `Teclado` existente en la categoría `Impresoras y otro hardware`.
5. Abra el Panel de control con la vista por categorías, y haga clic sobre la categoría `Cuentas de usuario`, para acceder a la ventana de gestión; posteriormente, haga clic sobre su cuenta para acceder a una ventana análoga a la de la figura 4.15 en la que tendrá que hacer clic sobre la opción `Cambiar mi imagen`.

Lección 5

1. Abra el Explorador, haga clic sobre el icono de la carpeta Windows para expandirla y haga clic de nuevo sobre la carpeta `Media`.

2. Seleccione `Ver / Detalles` y `Ver / Organizar iconos / Tamaño` para visualizar la información disponible sobre los ficheros.
3. Una vez introducido el disquete en la unidad, en la ventana del Explorador haga clic con el botón derecho sobre el icono del panel izquierdo que la representa y seleccione `Formatear`. Elija las opciones de cómo llevar a cabo la operación: capacidad, rápido o completo... y haga clic sobre el botón **Iniciar**.
4. Haga clic sobre el icono de la unidad A, seleccione `Archivo / Nuevo / Carpeta`, escriba el nombre `Música` y pulse <**Intro**>. Active la carpeta `Media`, seleccione los ficheros y `Edición / Copiar`. Finalmente, active la carpeta `Música` del disquete y seleccione `Edición / Pegar`.
5. Con la carpeta `Música` activa, seleccione los ficheros copiados y `Edición / Cortar`. Active la carpeta raíz del disquete y seleccione `Edición / Pegar`. Para borrar la carpeta `Música`, haga clic sobre ella, pulse <**Supr**> y confirme.

Lección 6

1. Abra el menú Inicio y seleccione `Programas / Juegos / Pinball`. Desde el Explorador: abra sucesivamente las carpetas `Archivos de programa`, `Plus` y `Pinball` y haga doble clic sobre el fichero `Pinball.exe`.
2. En la ventana del Explorador pulse <**F3**>, escriba *.WAV en el recuadro superior y haga clic sobre el botón **Buscar ahora**. Haga doble clic sobre alguno de los ficheros para reproducirlo.
3. Puede seguir el método explicado en la lección o el siguiente: abra el menú Inicio y seleccione `Programas / Accesorios`. Haga clic con el botón derecho sobre la aplicación Paint, seleccione la opción `Enviar a` y, en el nuevo menú, la opción `Escritorio (crear acceso directo)`. Si hace clic sobre el botón **Mostrar escritorio** de la barra de Inicio rápido, podrá ver el acceso directo creado.
4. Una vez introducido el disquete, haga clic con el botón derecho sobre su icono en el panel izquierdo del Explorador, seleccione `Propiedades` en el menú que aparece y haga clic sobre el botón **Cancelar**. Después, active la

unidad, pulse el botón derecho sobre alguno de sus ficheros y seleccione **Propiedades**.

5. Para visualizar los ficheros ocultos desde el Explorador, seleccione `Herramientas / Opciones de carpeta`, abra la ficha `Ver`, haga clic sobre la casilla correspondiente a la opción `Mostrar todos los archivos y carpetas ocultos` y haga clic sobre el botón **Aceptar**. Repitiendo los mismos pasos pero seleccionando `No mostrar archivos ni carpetas ocultos` se volvería a la situación original.

Lección 7

1. Ejecute el Bloc de notas y escriba el texto del ejercicio. A continuación, seleccione `Archivo / Guardar`, introduzca el nombre **Datos personales** y haga clic sobre el botón **Guardar**; finalmente, cierre la ventana del Bloc.
2. Ejecute WordPad y abra el documento creado anteriormente mediante la opción `Archivo / Abrir`.
3. Una vez modificado el aspecto del documento, deberá guardarlo mediante la opción `Archivo / Guardar como` y especificando el formato `texto enriquecido (RTF)` de la lista desplegable `Tipo` existente en el cuadro de diálogo `Guardar como`.
4. Para crear un nuevo documento deberá hacer clic sobre el botón  para obtener una ventana de documento vacía; una vez escrito el texto, guárdelo con el nombre propuesto y cierre la ventana de WordPad. Si lo considera oportuno, consulte las indicaciones propuestas en el apartado *"Cómo escribir un documento"*.
5. Una vez abierto Paint, debe dibujar la imagen mediante las herramientas oportunas; consulte cómo emplear las distintas herramientas en los apartados *"Cómo utilizar las herramientas"* y *"Para qué sirve cada herramienta"*. Finalmente, guarde la imagen con el nombre propuesto y cierre la ventana del programa.

Lección 8

1. Abra el Bloc de notas y escriba el texto propuesto.
2. Abra la calculadora y realice la operación 2050*1500 (recuerde que el resultado lo obtendrá al hacer clic sobre

el botón = o al pulsar <**Intro**>); posteriormente, seleccione Edición / Copiar para enviar el resultado al Portapapeles, active la ventana del Bloc de notas (el cursor debe estar situado al final del texto) y seleccione Edición / Pegar. Finalmente, cierre la ventana del Bloc guardando el documento con un nombre apropiado.

3. Si tiene activa la opción Documentos del menú Inicio, puede abrir los documentos seleccionándolos del listado de dicha opción. En caso contrario, arranque los programas y abra los documentos mediante la opción Abrir del menú Archivo de cada ventana de aplicación.
4. Con la ventana de Paint activa, recorte la imagen de la ardilla con la herramienta Selección; posteriormente, seleccione Edición / Copiar, active la ventana de WordPad, sitúe el cursor al final del documento, pulse <**Intro**> para insertar una línea nueva, y seleccione Edición / Pegar para colocar la imagen. Si desea centrar la imagen, haga clic sobre el botón con ella seleccionada.
5. Puede imprimir el documento mediante el botón **Imprimir** de la barra de herramientas; posteriormente, guarde las modificaciones realizadas (Archivo / Guardar) y cierre la ventana de WordPad.

Lección 9

1. Abra el Reproductor, haga clic en la función Selector de máscara y elija Radio en el panel de la derecha.
2. Abra el Explorador y las carpetas Windows y Media. Haga doble clic sobre los ficheros que allí se encuentran. Repita la operación con la otra carpeta indicada.
3. Una posibilidad es pulsar <**F3**> en la ventana del Explorador, hacer clic en la barra de la izquierda sobre Imágenes, música, o vídeo, marcar la casilla de videos y hacer clic en el botón **Búsqueda**. Después, puede hacer doble clic sobre los que encuentre –que estarán en el panel derecho-.
4. Siga las instrucciones del apartado para crear el fichero. Después, abra el menú Abrir de la Grabadora y seleccione la carpeta en la que se encuentra el fichero; una vez localizado, haga clic con el botón derecho sobre él y seleccione Propiedades.

5. Una vez ejecutado el fichero del paseo, siga simplemente las instrucciones para averiguar las características de la aplicación.

Lección 10

1. Una vez que se ha accedido a la página, seleccione el texto arrastrando con el ratón desde el principio al final, seleccione `Edición / Copiar`, active el documento que está escribiendo y seleccione `Edición / Pegar`. Para las imágenes se puede seguir un procedimiento análogo o pulsar el botón derecho del ratón sobre ella, seleccionar entonces la opción `Copiar`, activar el documento y seleccionar `Edición / Pegar`. Observe que cuando se hace clic en una imagen aparece una barra de herramientas que contiene un icono de disco que permitirá guardar la imagen.
2. Pulse <**F3**> en la ventana del Explorador, e inicie la búsqueda escribiendo *.HTM y haciendo clic sobre el botón **Búsqueda**. Haga doble clic en los ficheros resultantes para ver su contenido en Internet Explorer (si es que es ése el navegador predeterminado para abrir los ficheros HTM).
3. Una vez que haya accedido a la página, haga clic en el tema que desee, y clic sobre el enlace de tipo *Click on.... to download,* después debe descomprimirlo e instalarlo como se indicó en la lección 4.
4. Abra Outlook Express y pulse <**Control-U**>, introduzca su propia dirección de correo y el resto de componentes del mensaje. Finalmente, haga clic en el botón **Enviar**. Para recibirlo haga clic en el botón **Enviar y recibir todo**.
5. Abra el menú `Inicio` y seleccione `Todos los programas / Windows Messenger` para arrancar la aplicación. Se iniciará un asistente en el que es obligado, si no lo estuviera ya, suscribirse a Passport.net y obtener una cuenta de correo del tipo `nombre@msn.com` o `nombre@hotmail.com`. Ello le permitirá contactar con otros usuarios registrados de forma fácil e intuitiva.

Índice alfabético

A

Accesorios instalados, 121
Activar Windows XP, 21
Actualizar archivos
de sistema, 74
Agregar nuevos dispositivos, 62
Añadir o quitar programas, 59
Componentes
de Windows, 60
Ayuda, sistema de, 19

B

Bandeja de iconos, 19
Barra,
de desplazamiento, 28
de herramientas, 28, 53
de Inicio rápido, 19
de tareas, 18, 51, 53
Barras de herramientas,
Bloquear, 82
Visualizar, 81
Bloc de notas, 122
Botón Inicio, 19
Botones de,
acción, 38
opción, 38

C

Calculadora, 123
Cámaras digitales,
trabajo con, 163
Carpetas,
activar, 83
borrar, 97
crear, 91,
expandir/contraer, 80
renombrar, 96
Casillas de verificación, 39
CDs musicales, reproducir, 159
Comprimir ficheros, 117
Conexión a Internet, definir, 168
Cuadros de diálogo, 25, 37
Cuadros de texto, 39
Cuentas de usuario, 72

D

Dar formato a un disquete, 88
Desfragmentar, 75
Distribuir ventanas, 142-145
Documentos utilizados
recientemente, mostrar, 55

E

Ejecutar una aplicación,
desde el Explorador, 102
desde el menú Inicio, 103
Escritorio, 18, 25
crear acceso directo al, 112
modificar el aspecto del, 46
Esquemas de sonido, 154
Explorador, 77
abrir, 77
abrir una carpeta, 83
activar unidad de disco, 84
borrar objetos, 97
buscar objetos, 107
cerrar, 100
copiar objetos, 92
crear carpetas, 91
opciones de visualización, 85
seleccionar objetos, 98
ventana, 78

F

Fecha y Hora, modificar, 65
Ficheros, visualizar
extensiones, 101
Asociados a aplicaciones, 103
Funciones (de Windows Media
Placer), 156

G

Grabadora de sonidos, 162

H

Hipervínculos, 175

I

Iconos de acceso directo, 18
Idioma del teclado,
configurar, 69
Impresora, instalar una, 63
Información del sistema, 75
Instalar Windows,
actualización, 14
nueva, 16
Intercambiar información, 145
Internet,
definir conexión, 168
utilizar conexión, 170
Internet Explorer, 172
acceder a un sitio web, 173
barras de herramientas
de, 176

J

Juegos, 164

L

Liberador de espacio
en disco, 76
Listas desplegables, 38

M

Menú, 33
Menú Inicio, 19, 41
Personalizar, 54
Menú contextual, 34
Menú de control, 36
Módem, instalar, 167
Multitarea, 25, 139
Multiusuario, 72, 150

O

Objetos,
borrar, 97
buscar, 107
copiar, 92
mover, 95
propiedades de, 111
renombrar, 96
seleccionar varios, 98
Opciones de accesibilidad, 70
Outlook Express, 178

P

Paint, 130-136
Panel de control, 57
Pantalla, configuración, 44
Papelera de reciclaje, 114-116
Perfiles de usuario (véase
Cuentas de usuario)
Pestañas de desplazamiento, 39
Portapapeles, 94, 95

R

Ratón, configurar el, 67
Reproductor de Windows Media
(véase Windows Media
Player)
Requerimientos del sistema, 13
Restaurar sistema, 76

S

Salir de Windows, 23
Sesiones de usuario, 150
Solapas, 37

T

Teclado, configurar, 68
Temas de escritorio, 50

V

Ventana, 25
abrir, 26
cerrar, 32
elementos, 27
maximizar, 28
minimizar, 28
modificar el tamaño, 30
mover, 31
restaurar, 28
Visor de imágenes y fax, 136

W

Windows Media
Player, 104, 154
Cambio de aspecto, 157
Funciones, 156
Windows Movie Maker, 161
WordPad, 124